自己分析&
エントリーシートの
正解例

JN012075

成美堂出版

● 1章と2章では、自己分析とエントリーシートの基本を学ぶことができます。3章と4章では、実際に内定者が書いたリアルな事例と、評価のポイントが網羅されていて、内定に直結するコツがつかめます。

●「なかなか書き出せない」という場合でも、自分史年表＆強み発見を実例解説しているため、あなたに合う通過の方法がわかります。

1章　自己分析とエントリーシートの基本

志望する業界や企業を探る「自己分析」の基本、落とされない「エントリーシート」のポイントを紹介します。

2章　自己分析の進め方

具体的な自己分析の進め方、その次に行う志望先と自身の望みとのマッチングの方法を紹介します。

3章の見方

内定先企業を業界別にまとめています。　　企業の特徴をわかりやすく説明しています。

エントリーシートの正解例

42 内定先：建設②

スーパーゼネコン5社の一角を占める非上場企業です。土木部門は子会社に任せ、設計・建造を専業としています。

学科：歴史学科
希望職種：営業

設問1. あなたが当社のホームページやセミナー、社員の話などを聞いて、共感したことを理由とともに具体的に記述してください。

ホームページにあった、4足歩行ロボットによる建設現場の写真撮影を得る技術。
ロボットでの危険な現場の撮影や、正確な撮影が建設実務を助けていることに驚いた。

設問2. 当社がまめる人物像のキーワードとして「覚悟と粘り強さ」が挙げられます。あなたが今までに「覚悟と粘り強さをもって成し遂げたこと」を具体的に記述してください。

大学時代にサッカー部で県大会で上位に食い込んで、インターハイを目指してがんばっていた。正月以外休みもなかったが、毎日の練習をがんばった。
全国大会に出場して「夢」は達成できた。建物という「作品」ができたときの達成感は同じものだと思う。

設問3. 上記以外で考える自分の強みについて、その背景を踏まえて具体例を挙げて記述してください。

問題をうやむやにしないこと。ダム巡りをし、写真撮影をしている。先日、神奈川のとあるダムでのことだが、管理の職員との雑談で、戦前に多くの朝鮮半島出身者が働いていて、多くの人が労災で死んだことを知った。ショックを受けたが、ダム巡りの仲間たちに

150

も伝えたいと思い、研究者がいることを調べて、話を聞きに行った。

設問4. 希望職種を選んだ理由を教えてください。

企業の利益は営業にかかっていると叔父から聞いたことがある。叔父は食品メーカーだが、優秀な営業職はどこでも同じだという。貴社で営業職として頑張りたい。地方の営業勤務地もOKです。

設問5. 研究テーマ・内容について記入してください。
　　　　※仮テーマ可。卒論がない場合は主に何について勉強したかを記入してください。

日本史。中世から戦国時代の街道の広がりや道具の歴史。

●自己分析について

中学時代の部活なども自己分析しておき、高校とつながるならそれにもふれましょう。大学時代にサークルでサッカーをしているなられも書くと良いでしょう。

●エントリーシートについて

「覚悟と粘り強さ」がこの企業の採用担当者のモットーになっているのかもしれません。場合によっては社風などの「精神」かも知れません。OB・OG訪問などで聞いてみましょう。オンラインの会社説明会に参加できたら人事に聞くのもよいでしょう。

アドバイス

この企業は非上場ですが、経営は安定しており、銀行の低利融資を受けています。ゼネコンは大成建設を除き鹿島、清水、大成、大林組が創業家の経営と見られています。保守的な場合もあります。ミスマッチを防ぐために、企業研究を新聞記事検索などで行っておきましょう。

151

このエントリーシートを書いた　　　　「自己分析」「エントリーシート」「全体」
内定者の学科と希望職種です。　　　　　へのアドバイスです。

2

3章　自己分析&エントリーシートの問答集

　実際に内定を得た学生が書いたエントリーシートの豊富な設問・回答を業界別にまとめました。いわば「正解例」なので、ここから書く内容や書き方を知ることができます。

4章　エントリーシート実例攻略[一問一答]

　エントリーシートで「よくある質問」、参考にしておきたい「ユニークな質問」をピックアップしました。書く際の参考にしてください。

巻末資料　自分史作成用年表

　みなさんが生まれる少し前の平成12(2000)年から最近までに世の中で起こったことをまとめました。2章末に掲載した「自分史年表」3例とともに、作成する際に役立ててください。

4章の見方

「よくある質問」「ユニークな質問」でまとめています。

質問ごとに書く際の
ポイントを挙げました。

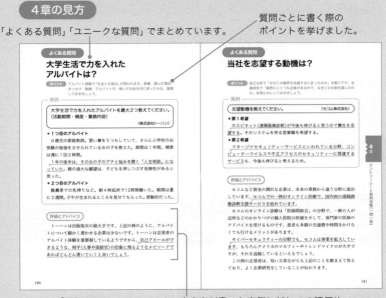

「評価とアドバイス」です。内定者が書いた実例に対しての評価や
より良くするためのアドバイスを行っています。

1章 自己分析とエントリーシートの基本

2章 自己分析の進め方

3章 自己分析＆エントリーシートの問答集

4章 エントリーシート実例攻略［一問一答］

ＥＳのヒント

巻末資料　自分史作成用年表

内定者の書いたリアルな事例が満載

あ	セコム	毎日放送
朝日新聞出版	全日本空輸	丸紅
アサヒビール	ソニーグループ	みずほ銀行
アストラゼネカ	**た**	みずほ証券
アルファポリス	ダイキン工業	みずほ信託銀行
エーザイ	第一三共	三井住友海上火災保険
江崎グリコ	大成建設	三井住友信託銀行
小田急電鉄	大和ハウス工業	三井物産
か	高砂熱学工業	三井不動産
鹿島建設	竹中工務店	三菱ＵＦＪ銀行
河出書房新社	中京テレビ放送	三菱ＵＦＪ信託銀行
関西テレビ放送	テレビ朝日	明治ホールディングス
九州朝日放送	東急不動産	森ビル
近鉄(近畿日本鉄道)	東芝	**や**
クボタ	トーハン	山崎製パン
熊谷組	トヨタ自動車	ヤンマーホールディングス
講談社	**な**	ユニ・チャーム
光文社	南海電鉄(南海電気鉄道)	**ら**
コカ・コーラ ボトラーズジャパン	西鉄(西日本鉄道)	楽天グループ
さ	日本航空	りそな銀行
サッポロビール	農林中央金庫	ロート製薬
塩野義製薬	野村不動産	アルファベット
集英社	**は**	JR東日本(東日本旅客鉄道)
主婦と生活社	博報堂	LINEヤフー
小学館	日立製作所	Osaka Metro
信越化学工業	北海道文化放送	(大阪市高速電気軌道)
新潮社	ホリプロ	SMBC日興証券
住友商事	**ま**	TBSテレビ
積水ハウス	毎日新聞社	(企業名は50音順に掲載)

- 企業名の記載は、正式名称ではないものもあります。
- 各設問・回答は一例で、細かい表現の違い等があります。また、固有名詞等は書き換えている箇所があります。
- 過去の実例は一部を掲載しており、本書発売時の実情と異なる場合があります。
- 本書は原則として2023年10月1日時点で得られた情報をもとに編集しています。

エントリーシートのネタは
「つくる」ことができます

　エントリーシート（ＥＳ）を見るとその企業の個性が見えてきます。最近は、志望者に自己ＰＲの動画や写真、イラストなどクリエイティブな設問を課すことが、以前は出版社や民放だけでしたが、一般企業でも増えてきています。留学生向けの就活イベントである「ボスキャリ」や大手商社の一部などは4000字レベルの長文を書かせるので、作文塾などで書く力を身につけることが必要な場合もあります。

　みなさんはまず、会社説明会に参加するなどして、志望業界を漠然とでも良いので決めておきましょう。

　さらに、基本的には自己分析をして少なくともこの２、３年間の活動を振り返ってみることです。１年生や２年生なら、今からサークルやゼミはもちろん、余裕があればボランティア、アルバイト、その中間のボラバイト（北海道などでの農作業など）を積極的にやり、自分をアピールする「持ちネタ」をつくりましょう。

　趣味も「持ちネタ」にできます。例えば、料理は面接で場を和ませる話題になります。とくにお酒のツマミ料理などは役員面接などで受けるでしょう。これは家族や友人に教えてもらったりしておき、後は動画で簡単に復習できます。また、プロ野球などの話題も、最終面接官には「鉄板」となり得るネタです。

　このように、エントリーシートに書き込める「自己ＰＲになる持ちネタ」をこれからつくっていくのは良い方法です。できれば、１、２年生の段階から準備すると良いでしょう。ただし、自慢話は「絶対に受からないネタ」なので、書いてはいけません。

　受かるエントリーシートの書き方のコツとして「指定文字数よりやや少なめに書く」ことを挙げておきます。例えば指定文字数が最大200字の場合は、その半分の100字程度で書くのも手です。空白をつくることで、人事担当者が読みやすくなるのです。そして、一文は短く、なるべく20字以内に。一文が長いと、主語と述語の間が空きすぎて、何を主張したいのかわからなくなります。

　みなさんの健闘を祈ります。

阪東100本塾　主宰　阪東恭一

1章

自己分析と
エントリーシートの基本

エントリーシートは就職活動前半の大きな関門です。ここ
で落とされれば、次の選考段階である面接には進めません。
この章では、自己分析の基本、エントリーシートの基本、
落とされないためのポイントを紹介していきます。

「自己分析」
の基本になること

自己分析は、自分の適性と志望を探り、自身のアピールポイントを知るために行います。ここでは、何をもとに自己分析を行えばよいかを解説していきます。

家庭環境からの影響

自己分析の手始めとして、家庭環境を振り返ってみましょう。家庭環境、とくに育った土地（地域）は「現在のあなたの形成」に大きな影響を及ぼしているはずです。親の転勤などで学校を変わった経験がある人はよくわかると思います。

また、親が例えば教員や介護福祉士、看護師などの職業に就いている（就いていた）場合も、それらの影響をあなたは受けている可能性があります。親が公務員の場合は、子どもであるあなたにも同じ道を勧める場合があるでしょう。

親戚のおじさんやおばさんからの影響を受ける場合もあります。例えばおじさんに商社パーソンがいたら、いろいろ海外勤務などの話を聞いているかもしれません。

親や親戚以外では、小学校や中学高校の先生の影響も思い出してみましょう。とくに、教員になりたいと思っている場合は、身近な先生の影響を受けている場合があります。

そして、振り返ってみたら、それをランダムにメモします。メモはおよそ10センチ四方のふせんに書き、目につくところに貼っておくとよいでしょう。

祖父母からの影響

おじいさんやおばあさんがご存命でしたら、昔の話を聞けるかもしれません。あなたの幼少期のことはあなたの両親以上に詳しい場合もあります。父方と母方2組、計4人の祖父母がいれば、話のネ

祖父母に子どものころの話を聞く

子どものころはね

うんうん

この企業は…

新聞、雑誌を調査

ふせんにメモして目のつくところに貼る

自己分析を重ねることで、自分の好きなことや社会に出てやりたいことを探っていく。

11

タは意外に多いものです。

　もし、あなたの親が高齢であれば、祖父の戦争体験や戦後の困窮期（食料難）、経済復興のことがわかるかもしれません。それらの中から志望先のヒントが見つかることもあるでしょう。

本や雑誌、新聞やテレビからの影響

　本や雑誌、新聞やテレビなどのメディアでは、ある分野で活躍している人がよく紹介されます。例えば、ＮＨＫ総合に、地方に移住してがんばっている人を紹介する「いいいじゅー!!」という番組があります。その番組で、不動産会社を起業した人を紹介する回がありました。山梨県のある過疎地の村に住み、村人が居なくなった家を調査・管理して、移住を希望する人に貸す業務をしています。貸す前には、やってくる人が住みやすい家に簡単に改装したり、屋根や柱や囲炉裏をインテリアとして魅力的に見せたりすることもあるでしょう。もちろん村や町の役場からの要請もあります。役場は過疎化を少しでも防ぎたいのです。

　ひとくちに不動産業といっても、都会の高層ビルの管理をしている三菱地所のような大企業や、小田急不動産や阪急阪神不動産のような電鉄系、上述したような地域に根ざした業者などさまざまです。このように、印象に残っている記事や番組を書き出してみると、志望先につながるかもしれません。

　またマンガが好きな人なら、そこからの影響も大いにあるでしょう。今はさまざまな職業を扱ったマンガ作品があります。感銘を受けた作品、印象的なシーンなどを思い出してみましょう。

自分の旅行体験から

　ゼミの旅行や親しい友人との旅行、家族との旅行などを体験されているのではないでしょうか。

　これに関連する職種を挙げると、まず、航空会社のＣＡ（客室乗務員）やパイロット、鉄道会社の運転士や車掌など、バス会社の運

転手やガイドがあります。

　宿泊先のリゾート施設や高級旅館、ホテルの業務に関心を持つかもしれません。例えば、星野リゾートは北海道のトマム、青森の大鰐温泉、長野の軽井沢など国内各地に展開しています、ホテルチェーンもコンラッド、ハイアットなどの外資系から東横インのような日系まで、さまざまです。

　これらもみなさんが直接、目に触れたり体験したりするものです。

◤ ゼミやサークルの友人や体育会（部活）の先輩から

　大手企業では、若手社員が人事担当部署に要請されて、リクルーターとして大学のゼミやサークルの後輩を勧誘することがあります。そのような先輩の説明を聞く中で、志望先として興味を持つ場合もあるでしょう。

　理系の研究室では、教授の推薦というものもありますが、これで決まったら辞退する場合が大変です。リクルーター経由もそうですが、誰かの伝手の場合で就活する場合は注意が必要です。

自己分析の要素

- ● 家庭環境からの影響
- ● 祖父母からの影響
- ● 本や雑誌、新聞やテレビからの影響
- ● 自分の旅行体験から
- ● ゼミやサークルの友人や体育会（部活）の先輩から
- ● ゼミやサークル、体育会（部活）など組織での役割
- ● 記録・表彰事項
- ● 留学体験から
- ● 子どもの頃の習い事
- ● アルバイト体験
- ● ボラバイト

これらの要素を振り返り、整理していこう。エントリーシートに書く自身の「強み」発見につながる。

ゼミやサークル、体育会(部活)など組織での役割

　これも自己分析には欠かせません。企業のエントリーシートでも「そこでの失敗体験はどんなものがあり、それをどう乗り越えたのか」など、必ずといってよいほど記述を求められます。

　某飲料メーカーのエントリーシートでは「失敗してそれを乗り越えた経験を、数値を挙げながら示す」ことを求める項目がありました。それに対しては、減ってしまったサークルのメンバーの数をこういう具合に増やしたなどと回答し、自己アピールにつなげます。

　エントリーシートで問われても慌てることがないように、ふせんに思い出せるだけ書き出して、目につくところに貼っておくとよいでしょう。その際は単に「サークルの雰囲気をよくしました」ではなく、具体的にどうしたのか、自分の役割はどうだったのかも含めて書いてみましょう。

記録・表彰事項

　スポーツをしている人は、自身やチームの成績、記録が残されています。大きな大会のメダルまでいかないとしても、表彰された場合は大きな自己アピールの材料になります。

　学問の方でも、大学によっては表彰制度があります。自身の成績が優秀な場合はもちろんエントリーシートに書けます。大学の奨学金制度の対象になったらそれもアピールしましょう。

留学体験から

　短期、長期を含めて、留学は大きな自己分析の要素になります。「留学先で見たこと」「感じたこと」「考えさせられたこと」。現地の人、とくに若者の考え方に共鳴できる場合は、それを書き出しておきます。政治に対する意識は日本の若者より高い傾向があります。また、日本人のようにせかせかしない、緩やかなライフスタイルから学べることも多いでしょう。

　留学体験やそこから得たことは、国際的な仕事、商社やメーカーの海外駐在員などを志望する理由になります。マスコミでは特派員として活躍することも大きな目標＝志望動機になります。

　語学ができれば、出版社などのライツ（版権）部門で働けるかもしれません。これは、日本のマンガ作品などを海外に売る場合に、著作権の許認可で必要な部門です。

　また、「ボストンキャリアフォーラム（通称ボスキャリ）」と呼ばれるアメリカ・ボストンで開かれる就活イベントがあり、そのセミナーに参加できる「条件」の１つに海外留学があります。つまり、留学体験は、国際的な仕事に就きたい場合の１つのチャンスになるかもしれません。ボスキャリはオンライン参加も可能です。そのボスキャリで出したエントリーシートはほかの企業でも使えるところもあります。

◤ 子どもの頃の習い事

　小学生や中学の頃の習い事であなたの人格形成に大きな影響を与えたものがあるかもしれません。

　例えば、親がスパルタ式の教育方針であなたをピアノの個人レッスンに通わせたとします。「先生が親以上のスパルタで非常に厳しかった」「母に『厳しい』と訴えても取り合ってもらえなかった」「そのため、小学４年から中学３年までの６年間、厳しさに耐えて続けた」。そういう体験をエントリーシートに書けば、忍耐力をアピールできます。上記の例は極端ですが、習い事を続けただけでも自己アピールの材料になるのです。「最近の学生は忍耐力がない」と思われています。ストレスに弱いとの認識が採用側にはあるのです。

仲間や先輩と将来の
夢について討論を
してみよう。

■ アルバイト体験

　これも重要な自己分析の要素です。ただし、家庭教師や塾の講師は「上から目線のアルバイト」なので自己アピールの材料にはなりにくいと思ってください。している学生が少なくないのも理由です。企業はストレス耐性（上司からの圧迫に耐えられる能力）にどう対応できるかを選考ポイントにしています。この点を自己分析から見出すことができれば、内定に大きく近づきます。ここでいうアルバイトは肉体労働や、居酒屋・パン屋・デパ地下などの接客スタッフといった、声と体と頭を使う仕事です。

　短期のアルバイトなら今からでも可能です。家庭教師や塾の講師の経験しかない人は、引っ越しや宅配、物流センターでの仕訳の仕事を経験しておくのもよいと思います。

■ ボラバイト

　これは自己アピールの材料としては決定的です。野球でいうとホームランです。それもチームの勝利につながる（就活では内定につながる）決定打です。

　講談社という超難関（倍率約300倍）の出版社に内定した女性の例を挙げます。体力が問われたときにエントリーシートに書いていた北海道の帯広郊外のブロッコリー農家でのボラバイトに役員の1人が注目しました。

　それは2週間という短期間ですが、朝5時から夕方6時までハードに労働した体験です。

　「畑のブロッコリーを50円玉だと思って拾え」がその経営者の言葉で、自分は豪邸に住み、高級車に乗っているのにアルバイトは、ぼろい雨漏りがしそうな小屋に3人が押し込まれていたそうです。

　脱走した人もいたそうですが、何とか耐えられたのが大きなアピールポイントになりました。

ボラバイトはvolunteerという英語とArbeit（労働）というドイツ語を組み合わせた造語です。時給は安いものの、酪農や農業、リゾートアルバイトを短期で体験できます。

体験や関心を掘り下げる

例：東日本在住なら2011年3月の東日本大震災の体験

➡あのときどうしていたか？

➡消防や自衛隊への関心

➡あるいはカウンセリングや介護、看護やその他福祉への関心

➡または住宅メーカーや道路などの建設業など

例：旅先での思い出

➡飛行機のパイロットやCA（客室乗務員）、鉄道職員、ホテルの仕事への関心

➡旅先でビールやウイスキー、明太子の工場の見学に行ったのが印象に残っている（酒造、食品メーカー、地方企業への関心）

「エントリーシート」を
作成する前に

ここではまず、エントリーシートを作成するにあたって用意しておくべきもの、知っておきたいことを紹介します。

用意するもの

エントリーシート作成とそれに関連するオンライン面接で用意するものは、パソコンとプリンターとWi-Fi環境です。また、オンライン面接を受ける際には、背景を気にする必要があります。数十社と多数の企業を受ける可能性を考えれば、自宅での環境整備をすると良いでしょう。

オンライン面接だととくに上半身に注意して白いワイシャツ（ブラウス）、スーツ（男性はネクタイ）をお勧めします。まれにオンラインの面接官から「立ってください」と言われることがあるので、ズボン、スカートは履いておきましょう。

形式について

昔、手書きで20社以上に出す場合は、書いたものを封筒に入れて宛名を書き、切手を貼って投函するといった手間がかかり、かなりの時間が必要でした。今はパソコンで作成しておき、志望企業のホームページのエントリーサイト（マイページなどと呼ばれるもの）に書き込むものやメールなどで送るものがほとんどで、手間は短縮されました。

ただし、今でもマスコミなどでは、まれに手書きで郵送という場合もあります。その場合は、エントリーシートを企業のサイトから自分のパソコンにダウンロードしてプリンターで印刷します。手書きの場合、最初は下書きとして鉛筆や消せるボールペンで記入します。友人や親などに誤字脱字がないか確認してもらってから、清書

したものを郵送で提出します。

消印有効日のぎりぎりになる場合を想定し、近所の大きな郵便局（土日でも窓口が開いている局）を探しておきましょう。

自宅にプリンターがなかった人は購入するとよいでしょう。白黒のレーザー印刷のプリンターがお勧めです。ＷＥＢ上で送信を済ませられるエントリーシートも手元に紙の状態で保管しておくと、先輩や友人に添削してもらうときなどに便利です。

地方大の学生や海外留学中の学生のエントリーシート

今は、地方の大学に在籍する学生や留学などの都合で海外にいる学生も、エントリーシートの提出などをオンラインで行える便利な時代です。

また、会社説明会もオンラインで行う企業が多くなり、ＷＥＢでの参加も可能です。ＷＥＢ参加の場合は、後にエントリーシートでその感想を企業が求めてくる場合があるので、動画を保存するなり、メモをしておくとよいでしょう。

ただし、パソコンやプリンター、Ｗｉ-Ｆｉ環境が必須ですので注意しましょう。

オンライン面接で用意するもの

パソコン・プリンター・Wi-Fi環境は自宅に揃えておきたい。服装は上半身に気をつけて。ただし、映り込む危険を考えて下半身も整えておくのが無難。

エントリーシートで
落とされないためのポイント

エントリーシートを実際に作成するにあたってもっとも重要な、落とされないためのポイント（コツ、心がまえなど）を解説していきます。

誤字脱字の確認は仲間にしてもらう

エントリーシートに誤字脱字はつきものです。おそろしいことに多くの場合、誤字脱字は自分では気がつきにくいものです。執筆のプロでも同様で、そのために、新聞社や大手出版社には校正・校閲部門があるほどです。したがって、友人や先輩、時間がないときは家族に校正してもらいましょう。エントリーシートに誤字脱字があったら大きな減点になります。Wordの校正機能も地名などは見逃す場合があるので、企業の採用情報のサイトをよく読んで注意しましょう。

エントリーシートの目的をとらえる

企業がエントリーシートを書かせる目的は、人気企業の場合は志望者数を絞るためです。

大阪のある大学のキャリアセンター（就職課）の担当者はもともと一般企業に勤務していたそうで、そのためもあって積極的に企業の採用担当者に話を聞きに行っており、3年生のインターンシップも推薦していました。関西で人気のパナソニックやダイキン工業の3年生向けの夏のインターンシップでの応募数は「数万人」というとんでもない数字です。

企業によっては、採用担当の社員だけでは対応しきれず、外部の下請け業者に発注している例もあるそうです。企業からすると、本音は優秀な学生だけが欲しいのですが、門前払いはできないのでエントリーシートと書類選考で絞り込むのです。

　この本を読んでいるみなさんは、企業の担当者のエントリーシートを読む大変さを把握しておくとよいでしょう。人気企業や大手企業はエントリーシートで応募者数を機械的に10分の1〜5分の1以下に選別してからSPI3などのテストを課してさらに絞り込みます。ある大手企業では、10万人ほどの応募者を推定で5000人以下に絞り込んでからオンライン面接をします。この面接のときに初めてエントリーシートの内容まで深く読まれるのです。

▍上手な文章のコツを知る

　エントリーシートは、大半が文章を書く作業になります。たまに動画やスナップ写真が課されることもあります。

　つまり、文章を書くことが苦手、または遅い人は文章教室に通うか通信で学ぶこともお勧めします。

　ここで、上手な文章を書くコツを簡単に披露します。

　1つは、文章を短く書くことです。1文が長いと主語と述語の間が空いてしまいます。そのため、あなたが何を主張したいのかわかりにくくなるのです。エントリーシートの文章は小説やエッセイではありません。新聞記事のように短くてよいのです。

　もう1つは、結論から書くことです。例えば、好きになった人に対して「あなたに最初に会ったときに胸騒ぎがしました。2回目もやはりドキドキしました。あなたの服もしぐさもすてきです。あなたに会っていたとき、私はずっと顔が赤くなっていた気がします。あなたを好きになったのかもしれません。だから2人でデートしてほしいです」と思ったとします。そのまま書けば上記のとおりです。

　しかし、エントリーシートの書き方は逆になります。相手にすぐわかるように「デートを申し込みます。あなたに最初に会ったときから胸がドキドキしています。すべてがとてもすてきです」のようになります。

　企業相手であれば「Aという製品（またはサービス）がとても好きだ。理由は○○だ。家族も愛用している。そういうすばらしい製品

を生み出す企業でいっしょに仕事をしてみたい、またさらに消費者に愛される製品を生み出す一員になりたい」のように書きます。

◢「自己分析」を友人とブラッシュアップ

エントリーシートには「あなたはどのような人ですか」というような設問も多く見受けられます。その対策としては「私はこんな人間です」と説明するクセをつけるのが一番です。親しい友人、とくに同学年の友人どうしでお互いに質問をして、「自己分析」をブラッシュアップ(改善・向上)していきましょう。

お互いに質問をしていくうちに「子どもの頃からどんなことに興味があったのか」「中学や高校ですでに将来の仕事の夢があったのか」──など自己分析のヒントになることを思い出したら、忘れないうちにメモをしておきます。

また、「自分はコツコツと学ぶことが好きだ」という人は、手に職をつけるまではいかなくても、資格を取ってそれを生かすという方法もあります。実際に、まれではありますが、弁護士や公認会計

● ESのヒント

敬体と常体、どちらが良いか

「です・ます」調の文体が敬体です。いくつかの大学のキャリアセンターでは、丁寧な印象を与えるとして、敬体でエントリーシートを書くように指導していますが、「言い切る」ことで意志が明確だと思わせるように、「だ・である」調の常体を使うことも多いようです。

筆者が主宰している阪東100本塾でも「だ・である」調を推奨しています。ただし、どちらが正解というわけではなく、最終的には個人の志向とも言えます。

また、相手の企業名に「様」をつけることは行いません。マスコミでは「貴社」や「御社」も使いますが、とくに中高年の幹部社員は普段使わない傾向があります。一般企業では「貴社」と書くのが普通です。「御社」は口語で使います。これも自分で判断しましょう。

士の資格を取って志望する企業に就職したケースもあります。時間があるなら、チャレンジする価値はあります。

コミュニケーション能力をアピール

エントリーシートでの自己アピールには、さまざまなパターンを用意しておいたほうがよいでしょう。どんな学生を求めているのか、企業によって違うからです。

例えば「忍耐力」「実行力」「真面目さ」なども自己アピールになりますが、対人関係が不得意な学生が多い、そんな今の状況では、いわゆる「コミュニケーション能力」を尋ねる設問も多く見受けられます。

一例を挙げると「いちばん信頼している人から、あなたはどんな人だと言われますか。また、それについてあなたはどんな感想をお持ちですか」(講談社)という設問があります。

これも、あなたが他人と普段どう接しているか、どうコミュニケーションを取っているかを間接的に尋ねている設問です。

普段から他人と話すときにニコニコして話す。または真面目な顔をして話す。それで相手への印象は違ってきます。

エントリーシートのポイント

- 人気企業では「志望者数」 ➡ 読みやすい文章を心がける
  を絞るのが目的
- 誤字脱字に注意 ➡ 友人や先輩、家族に
  チェックしてもらう
- 文章が苦手な人 ➡ 文章教室やオンラインで学ぶ
- 文章を上手に書くコツ ➡ ①文章を短く書く
  ②結論から書く
- 人となりを問う設問 ➡ 自己分析を
  友人とブラッシュアップ
- 対人関係を問う設問 ➡ コミュニケーション能力を
  アピール

記述に具体性を持たせる工夫を

　エントリーシートの記述に具体性を持たせるため、「数字」と「固有名詞」を意識してください。

　例えば、時事通信社のビジネス職のエントリーシートで「ニュース、情報という商品をどこに、どのように売りたい、伝えたいか」という設問がありました。これに対する回答例は、

> 「北海道、青森県、秋田県、山形県、新潟県などの日本海側の地域に。4メートルを超える積雪への対策、季節外れのフェーン現象で40℃を超える場合など気温への対策に必要な過去のデータを売る」

となります。この回答例は、北海道や青森などの県名、積雪や気温の具体的な数字があり、わかりやすくなっています。

　また、エントリーシートでは趣味や特技についてもよく聞かれます。例えば、英語であればＴＯＥＩＣ®Ｌ＆Ｒテストなどのスコアは必要ですし、特技に「水泳」と書くなら「平泳ぎで50メートル40秒を切れる」など数字を入れておきたいところです。

スナップ写真、ビデオメッセージ

　以前は民放や出版社の一部のエントリーシートで行われていた「スナップ写真を貼り付けてください」という設問も、少しずつではありますがメーカーなどにも広がってきています。

　紙のエントリーシートのときは、糊で写真を貼り付けて郵送したものですが、ＷＥＢのエントリーシートでは、スマートフォンなどで撮影した写真を添付・送信する方法もあります。

　「スナップ写真」といえば、その多くは成人式などの式典や旅行の記念写真でしょう。しかし、なるべくそれらは避けてエントリーシート用に目的を持って撮影し直すことをお勧めします。

　例えば、趣味欄で「オリックス・バファローズのファンです」とプロ野球のファンであることを強調するのであれば、球場にバファ

ローズの試合を見に行って撮影すれば、野球が好きな最終面接の役員がいたら覚えてもらうことができます。もちろん、好きな選手の応援歌は覚えておくとよいでしょう。面接の会場に選手のグッズを持参して見せるなどすれば、面接の緊張しがちな場が和むかもしれません。

　人気のプロスポーツには、サッカーやバスケットボールもありますが、最終面接官の世代には、今のところ高校野球やプロ野球が圧倒的に人気です。

　また、少数ですが「ビデオメッセージを添付してください」という設問を課す企業もあります。例えば、キーエンスのエントリーシートがビデオメッセージでした。文章ではなく「しゃべり」で志望者を見る設問になっています。

「ボスキャリ」という選択肢

　P.15でも触れましたが、海外に志望先を求める「ボスキャリ」という選択肢もあります。ボスキャリは「ボストンキャリアフォーラム」の略で、有名なコンサルティング会社のボストン・コンサルティング・グループとは関係なく、日本の就職斡旋会社が主催しているイベントです。

最終面接官の世代には、高校野球やプロ野球が圧倒的に人気。野球観戦の話題は面接でプラスになることが多い。

具体的には、毎年秋にアメリカ・ボストンで行われる、国際見本市の就活版です。日本と欧米の企業がブースを出して、そこに学生が参加します。アメリカで行われるので英語のスキルが求められます（参加対象は「日本語力、英語力共に少なくとも初級レベル」を持っている人など）。このボスキャリで使われる共通エントリーシートには設問はなく、学歴が3,000字以内、スキルや資格や自己アピールが6,000字以内となっています。

　最近、これに参加する日系企業が増えてきています。具体的には任天堂、ビーコン、ユー・エス・ジェイ、アマゾンジャパン、ＳＭＢＣ日興証券、大塚商会、大塚製薬などがあります。参加者に聞くと、いくつかの日系企業ではエントリーシートを別に書かされたこともあるそうです。ボスキャリが万能という訳ではありませんが、長い自己アピールに慣れておくのもよいかもしれません。

　また、一般的な日本の就活とは異なり、数時間の面接だけで内定が得られることもあるそうです。

海外に志望先を求めるには「ボスキャリ」という選択肢も。日系企業の参加も増えている。

2章

自己分析の進め方

自己分析として、まず「自分史年表」で自分の特徴を整理、把握する必要があります。次に、将来の夢や希望を書き出して徐々に志望先を絞り込み、業界研究で自身の望みと志望先のマッチングを図ります。この章ではそれらの方法を紹介します。章末に3例、志望する企業から内定を得た学生の自分史年表と強み発見の実例を掲載するので参考にしてください。

「自分史年表」「現在の自分」の個人データをつくる

自分のデータ(特徴)を整理し、把握するための「自分史年表」のつくり方を解説します。

自分のデータ(特徴)を整理する

　自己分析を行うにはまず、現在の自分を構成するに至った体験を書くなどして、自分の個人データ(特徴)を整理し、把握しましょう。具体的には、自分史の一覧表(自分史年表)をつくります。書き方は自由ですが、例を示しておきます。

自分史年表の一例
※簡略化したもの

0歳	△△市で生まれる。父母の仕事は○○。 母方の祖父母は……。 父方の祖父母は……。 (例)両親共働きで、昼間は母方の祖父母に預けられる。
4歳	幼稚園の思い出。　(例)△△市立ＡＢＣ幼稚園に入園。
7歳	小学１年生の思い出。 (例)△△市立第一小学校に入学。　※2011年３月11日、東日本大震災と私について。そのときどう行動した?
8歳	２年生の思い出。
9歳	３年生の思い出。
10歳	４年生の思い出。
11歳	５年生の思い出。 (例)近所のカメラメーカーの工場見学に行く。父と○○ビールと明太子メーカーとマヨネーズ会社の工場見学のツアーに参加する。商品がこんなに大量に生産されるのかとびっくりした。
12歳	６年生の思い出。　(例)修学旅行で九州に行く。
13歳	中学１年生の思い出。 (例)私立中学受験に失敗、公立中学に入ることになる。人生初の挫折を味わった気がした。

14歳	中学2年生の思い出。 (例)課外活動で市のゴミ焼却施設へ見学に行く。ゴミの分別がいかに重要か学んだ。焼却炉の電気代や燃料代も高額なことを知って、普段の生活で倹約してゴミそのものを減らすことの大切さを学ぶ。
15歳	中学3年生の思い出。　(例)高校受験。
16歳	高校1年生の思い出。 (例)バスで東日本大震災の被災地をまわる。それが修学旅行だった。語り部の話にみんな涙した。
17歳	高校2年生の思い出。 (例)初めてのアルバイト体験。
18歳	高校3年生の思い出。 (例)大学受験。将来の職業も視野に入れ始める。
19歳	浪人。
20歳	大学1年生の思い出。 (例)サークル、体育会(部活)、アルバイト、国内旅行。
21歳	大学2年生の思い出。 (例)アルバイトで稼いだ資金で海外旅行。
22歳	大学3年生。 (例)○○先生の金融ゼミに入る。サークルの幹部学年、海外留学。忙しいのでインターンシップ受験は2社のみにする。
23歳	大学4年生。　(例)内定。または、大学院進学を決める。
24歳	大学卒業、次の進路へ。 (例)○○に入社。または、△△大学院に進学。
25歳	(例)入社2年目。　　　△△大学院で就活。☆☆に内定。
26歳	(例)入社3年目。　　　☆☆に入社。

　自分史年表には、それぞれの年齢の思い出や体験を細かく記載します。幼い頃の出来事は、両親や祖父母に聞いてみましょう。

　将来の夢、志望先を決める原点となるような体験、きっかけとなった書籍や映画などの感想は、とくに重要です。また、OB・OG訪問やボランティア(ボラバイト)体験については細かく書きましょう。

　この自分史年表を作成することは、自身を見つめ直し、特性や志望を発見するきっかけになります。

「KJ法」でふせんに
将来の夢や希望を書き出す

ランダムに考えを書き出して、徐々にまとめていく「KJ法」を活用して、
志望先を絞り込んでいく方法を紹介します。

思い浮かぶ夢や希望を整理する

　「KJ法」はランダムに集まる情報を紙のカードやふせんに書き
出し、それらをグループ分けすることで効率的に整理していく手法
です。考案した文化人類学者・川喜田二郎氏のイニシャル
(kawakita Jirou)から「KJ法」と命名されました。

　これを自己分析にどう活用するかというと、頭にランダムに浮か
んでくる将来の夢や希望をふせんに書き出して、机の上にぺたぺた
と貼っておきます。すぐにまとめるのは意外と難しいものですが、
集まってくると方向性が見えてきます。

仕事を選ぶ基準——ローカル重視か否か

　KJ法を進めるうちに1つはっきりしてくることがあります。そ
れは、仕事を選ぶ基準として、あなたがローカル(地元)を重視する
か否かです。ふせんに将来の希望を書き出していく当初は、「勤務
時間は9〜17時を希望」「土日は確実に休み」「勤務地は自宅の近
所が良い」など、プライベートに関する希望が多くなるものです。

　勤務地については「首都圏が良い」「知らない地方には行きたく
ない」という希望が多くなるのは当然です。しかし意外なことに(当
人にとっては意外ではないのでしょうが)「東京は嫌」「他の地方も
嫌」「自分が育った地元で就職したい」と思う人も少なくないのです。
これは、仙台、名古屋、京都、神戸、福岡など大都市の出身者に顕
著な傾向です。よく言えば「地元愛が強い」「親孝行である(親も同
じ地元なら)」「友達が多い」のでしょうし、悪く言えば「保守的」「新

たな出会いを求めない志向」「こわがり」なのかもしれませんが、これは価値観の違いです。勤めたい場所に良いも悪いもありません。

　マスコミを例に挙げると、ローカル重視の人に合うマスコミには地方の新聞社や放送局、ケーブルテレビがあります。ごくまれですが出版社もあります。

仕事を選ぶ基準──業界・職種重視

　希望する職業については、多くても2～3業界に絞り込みます。それから、友人と「志望する理由は何か」を議論してみましょう。すると、論拠が漠然としていたことに気が付くと思います。

　いつも就職希望企業ランキングの上位に入っている「商社」を例に挙げてみましょう。商社パーソンは世界を飛び回ります。これは希望通りだと思います。しかし、商品を運ぶ貨物船の相場は、需要が多いと運賃が上がり、商品が少ないつまり需要が少ないと運賃は安くなります。それを見極めるのも商社パーソンの仕事です。悪く言えば、常に賭け事をしているようなものです。「常にスリリングな世界に身を置きたい」と志望していたでしょうか。みなさんには、まずそこから考えて欲しいと思います。それでは、ふせんに「志望する職業とその理由」をランダムに書いてみましょう。

将来の夢や希望がふと浮かんできたらその場でふせんに書き、貼っておく。それが集まってくると、徐々に方向性が見えてくる。

仕事を選ぶ基準──ライフスタイル重視

仕事を選ぶ基準として、「拘束時間」や「週何日勤務」など、ライフスタイルから考える方法もあります。

①私生活優先型

　基本的な拘束時間が短いうえに残業が少なく、転勤もほとんどない、私生活優先のライフスタイルを重視する人は、区役所などの地方公務員、都道府県税事務所の所員、司法（ただし検事や判事ではなく、家裁の調査官など）、公立の病院の事務職員などを考えてみましょう。

②やりがい優先型

　拘束時間や残業が多くてもかまわないので、やりがいを優先したいという人は、新聞記者や放送記者、放送ディレクター、雑誌・書籍・マンガの編集者を考えてみましょう。常に締め切りに追われますが、締め切り後の解放感は得難いものです。

　高砂熱学工業などの空調設備会社もやりがい優先型の人にはおすすめです。大手は、ゼネコンが建てた工場やビルへの空調設備の設置が仕事です。近所への騒音を出さないため、土木や建築は日曜日休業が基本ですが、空調設備会社は内部での仕事なのでしばしば土・日も勤務するようです。

③転勤ＯＫ

　①と同じ公務員でも都道府県庁の職員や国家公務員は転勤があります。税関職員や検疫官は勤務時間が変則的なうえに転勤も多い仕事です。民間では、全国に支店を持つ企業は転勤を覚悟しなければなりません。

④土日の接待ＯＫ

　営業職などは、土日に顧客をゴルフなどで接待する場合もあります。大学でゴルフ部に所属していた学生が就活でウリになることがあるのは、このためです。

業界研究で自身と
志望先のマッチングを図る

志望先が絞り込まれてきたら、業界研究を行って、自身の望みと志望先の
勤務形態・環境が合うかどうかを調べます。

業界・企業研究でマッチングを図る

　給与は志望条件の大きな位置を占めるでしょう。だれでも給与が
高いほど良いに決まっています。年収には、毎月の給与だけでなく
ボーナスや社宅などの福利厚生も含まれます。年収には企業の業績
が反映されますから、新聞の経済欄を常によく読んでおきましょう。
また、東洋経済新報社の『会社四季報』には4,000社近くの上場企
業が掲載されており、企業ごとの社員数と年収が記載されています。

　ニッスイを例に見てみましょう。本社は東京の新橋にあり、従業
員は単で1,275名です。単は「単体」の意味で、関連会社を含みま
せん。従業員数の右隣に42.7歳、年801万円とあります。これはニッ
スイの従業員の平均年齢が42.7歳で平均年収が801万円だというこ
とを示しています。

　三菱地所では、従業員は1,082名(単体)で平均年齢42.7歳で平均
年収は1,264万円です(『会社四季報』2023年2集 春号より)。

　つまり、あなたが高い年収だけを見るのであれば、約450万円高
い三菱地所を選ぶことになるでしょう。この『会社四季報』は年4
回発行されるので、年収はそれでチェックすればよいのですが、福
利厚生などのデータはありませんし、社風などはわかりません。そ
の辺りを知るには、OB・OG訪問をするしかないでしょう。

　自分の学校から何人が採用されたのかは東洋経済新報社の週刊誌
『週刊東洋経済』や日経新聞などの記事を調べても良いでしょう。
人気ランキングもそれらの雑誌や新聞で調べられます。

　給与の高い会社、規模の大きい会社ほど労働がハードな傾向にあ

ります。従業員に厳しい労働を課しているからこそ、高い利益と高い給与があります。

▶ 退社率や退職者数の高さを見る

「入社して3年目での退職者」の数字(退社率や退職者数)も、志望先の選定には役立ちます。その数字が高いということは「厳しい社風」「ノルマがきついこと」「人間関係がきついこと」などを意味しています。

実際のところはOB・OG訪問で調べるしかありません。インターネットで調べればよいと思うかもしれませんが、正確かどうかはわかりません。悪意を持って書き込んでいる人も多いからです。それよりは複数のOB・OGを訪問して、彼らから聞く事実が正確です。大学のキャリアセンターに紹介してもらって先輩に会いに行きましょう。またはサークルやゼミの先輩もよい情報源です。阪東100本塾などの就活ゼミ経由でもよいでしょう。自分の足や目、耳が頼りです。

▶ 非上場企業に注意

サントリーホールディングス(以下、サントリー)やヤンマーホールディングス(以下、ヤンマー)などごく一部ですが、非上場の有名企業があります。

つまり、学生がそれらの企業を調べようとしても『会社四季報』などの公開されたデータがないので、ホームページやOB・OG訪問で情報を収集し、それを信用するしかないのです。

大学が日経テレコン(新聞・雑誌記事のビジネスデータベース)と契約していれば、その大学の学生はパソコンで目的の企業の記事検索を利用することができます。新聞記事はおおむね信用できますので、自身で調べるとよいでしょう。

あとは、東洋経済新報社の『会社四季報』の姉妹雑誌『会社四季報・未上場会社版』にも簡単なデータがあります。利用するとよい

でしょう。

　おおよそ年商（年間の売り上げ）1000億円以上の企業は、たいてい株式を東京証券取引所などに上場しています。これは、資金を証券取引所で投資家から調達しているからです。非上場の企業や個人商店は、資金を預金や銀行からの融資でまかなっています。

　非上場の理由をヤンマーは「金融機関から信用を得ているため、低利の資金を借りることができる」と、そのホームページ（採用情報）で説明しています。

　ただし、一般的に志望先を選ぶときには「上場しているか否か」を判断する指標にしてもいいと思います。ちなみに、出版社や新聞社も大半が上場していません。これは、外部による経営への干渉を嫌っているからです。とくに新聞は言論機関であり、自社の主張を外部から妨害されることを嫌います。また、大手の出版社は、創業100年前後の老舗同族会社が多くなっています。例えば、新潮社が佐藤家、講談社（光文社が関連会社）が野間家、小学館（集英社、白泉社などが関連会社）が相賀家です。ＫＡＤＯＫＡＷＡはかつては角川家の同族会社でしたが今はそうではありません。

◤ 有価証券報告書

　東京証券取引所などに株式を上場している企業は、運営する資金を株主（投資家）から集めています。外国の投資ファンドからの場合もあります。

『会社四季報』『日経テレコン』などを使って、志望する企業の情報を集める。

そのために、有価証券報告書を毎年、公開して、それをみた株主が投資しています。みなさんにとっても企業を選ぶ重要な判断材料になります。

　上場企業には、企業ごとに「証券コード」（詳しくは後述）がつけられています。その番号は合併や倒産、上場廃止にならないかぎり変わりません。有価証券報告書をベースにわかりやすく企業ごとにまとめたのが、東洋経済新報社の『会社四季報』です。大手書店や地域の図書館、大学の図書館に必ずあります。証券コードを知っていれば『会社四季報』などで簡単に調べられます。有価証券報告書にはみなさんの関心がある年収も記載されているのです。

　志望先を選ぶときには「その企業が有名だから」とか「売り上げなどの規模が大きいから」というだけで判断するのはやめましょう。それらが年収に反映されているとは限りません。社員の平均的な年収が例えば40歳で600万円なのか35歳で1000万円なのか、『会社四季報』に記載されている数字を確認してください。

　『会社四季報』に掲載されていない企業は、人事に聞くなどして確認することが大切です。

▌企業の雰囲気はOB・OGから

　2023年に社会問題になった中古自動車販売会社の不正事件などに見られるように、売り上げを無理矢理高くするような体質、つまり営業ノルマを上げるために強いプレッシャーを社員に強いる企業があります。それらは、ホームページその他のネットの情報だけでは正確にはわかりません。生の情報を得るために、大学のキャリアセンターやゼミやサークルの伝手を頼ってOB・OG訪問をすることです。また、新聞の記事検索を利用しましょう。

▌証券コード

　上場企業には証券コード（ここでいう証券コードは株式銘柄コード。識別番号）での分類があります。ほぼ業種ごとにまとまってい

ますが、新規上場企業の証券コードは数字が業種ごとのまとまりから離れている場合もあります。

　証券コードは、企業の株式の売買時などに使われ、投資家向けの新聞や雑誌、テレビ番組でよく見聞きします。『会社四季報』2023年2集春号だと「上場企業」コーナーで掲載されています。

　証券コードは1300番台から始まる4桁の数字で、番号が「若い」1番目の企業は1301の極洋です。2番目が1332のニッスイ（旧会社名は日本水産）、3番目が1333のマルハニチロと続きます。これらは水産会社です。4番目が1375の雪国まいたけです。スーパーマーケットで売られているマイタケの生産販売会社です。つまり、最初の1300番台は水産農林業の企業です。

　1400番台から1999までは、大成建設などの建設業が多くなっています。

　2001はニップン、2002は日清製粉グループ本社、2004は昭和産業、2058はヒガシマルと、製粉業と呼ばれる小麦粉や大豆、油脂などの食料品を扱う企業が並んでいます。

　2120番台からはサービス業で、2168は人材関連で有名なパソナグループです。

　2201の森永製菓からまた食料品に戻ります。菓子メーカーです。2204に新宿のレストランで有名な中村屋（本業は和菓子、中華まんじゅう製造販売）、2206に江崎グリコ、2212にパンの最大手の山崎製パンがあるなど、証券コードの区分は細かくかつ、たまに法則性がない場合があります。

　例えば、旭化成は3407で、もともとは繊維業界に位置づけられていましたが、今ではもともとの繊維よりも化学や先端技術に業務を発展させている総合化学メーカーです。先端技術材料の1つであるリチウムイオン電池で、同社の関係者（吉野彰氏）がノーベル化学賞を受賞しています。繊維もナイロンなどは石油を原料としていますので、化学に近いかもしれません。

業績の数字に注目する

　製造業は、売り上げの数字が企業の規模を反映します。トヨタはグループ(軽自動車のダイハツやトラックの日野自動車など含む)が業界で世界一の販売台数といわれます。材料を集めて組み立て、自動車という商品を販売しています。売り上げから材料や人件費、研究開発費などの経費を引いた残りが利益です。

　卸売業の数字の見方は違います。

　その１つである総合商社の場合は、会社の規模を反映するのは営業収益や純利益です。営業収益は簡単に言うと、例えば10億円の商品を10億500万円で売ったときの売上高「10億500万円」です。

　５大商社の１つである三菱商事(8058)は営業収益が約21兆円で、純利益は約１兆円です。住友商事(8053)の営業収益は約６兆8000億円で、純利益は約5000億円です。

　商社を志望先に選ぶときに、メーカーの業績と比べる場合は、営業収益ではなく、純利益に注目しましょう。

　銀行はもっと複雑です。他人からお金を預かり、それに１％とか５％の金利を上乗せして、企業などに貸すのが銀行の仕事です。

　客からの預金の合計や融資の総額で企業の規模を判断できます。『会社四季報』では業務純益という数字を使っています。

　例えば、有力な地方銀行のひとつである千葉銀行(8331)は約818億円です。社員約4000人なので１人あたり約2000万円稼いでいることがわかります。みずほフィナンシャルグループ(8411)の業務純益は約8052億円です。社員数はグループ全体約５万人です。三菱ＵＦＪフィナンシャルグループ(8306)の業務純益は約１兆5576億円で、グループ全体の社員数が約12万人もいます。

注目したい経営指標

営業収益

その企業が本来の目的とする活動から生じる収益

純利益 ＝ 収入 － 費用

	収入	費用
	売上高	売上原価、販売費・管理費
	営業外利益	営業外費用
	特別利益	特別損失、税金

業務純益　金融機関が本業で得た利益

商社を選ぶ際は「純利益」、
銀行を選ぶ際は「業務純益」
に注目しましょう。

ＥＳのヒント

ＯＢ・ＯＧ訪問

　入りたい企業が決まったら、また方向性が明らかになったら、サークルやゼミ、体育会（部活）の伝手でＯＢ・ＯＧ（志望先に勤務している人）訪問をすることをお勧めします。ＯＢ・ＯＧ訪問をすることで、志望先の企業の実態がわかります。対面・オンラインにかかわらず会社説明会では企業にとって都合のよい情報だけが知らされます。

　ＯＢ・ＯＧ訪問は、高校の卒業生にお願いできる場合もあります。一例ですが、東京・新橋のとある居酒屋は「高校よせがきノート（新橋の居酒屋ノート）」を置いていることで有名です。この店を訪れた地方出身の営業担当者が、出身高校別のノートに所属企業の名刺を貼っていきます。志望先の企業に高校のＯＢ・ＯＧがいることがわかれば、その人を頼ることも検討してみましょう。

◤ 職種のローテーション

　例えばＴＢＳは、管理職は除いて、記者職で入ったら一生記者で、同じマスコミでも日本テレビや文藝春秋はころころ職種が変わるようです。

　これは社風のようなものです。職種のローテーションの有無もＯＢ・ＯＧ訪問で調べましょう。地方と本社の転勤の頻度も社風です。ただし、トップが交代したら変わる場合があります。

◤ 志望先に合わせたアピールポイントを探る

　ＯＢ・ＯＧ訪問をして社風がわかり、年収も勤務地も希望に適うのであれば、志望先の企業に合わせたアピールポイントを練っていきましょう。それがエントリーシートにも使えます。

◤ 自己分析の結果をエントリーシートに落とし込む

　自分が外向的、社交的な性格と自己分析したら商社や建設業の営業、不動産業の大家さん的業務(テナントさんとのつきあい)、マスコミの取材部門、小売りの営業などが向いている場合があります。

　これも業種ごとに細かく違う場合があるため、よく調べましょう。

自分史年表&
自己分析の正解例①

アパレル企業に内定したＫさんが書いた「自分史年表」とそれを元にした、強み発見の「自己分析」の例を紹介しますので、作成する際の参考にしてください。

自分史年表

●**幼稚園**

父は自由気ままな性格で、母は教育ママだった。家でのゲームは禁じられていて、スマートフォンも高校生になるまで買ってもらえなかった。

この頃は父の社宅に住んでいたらしい。場所は福岡で、父がゲームセンターに連れて行ってくれたことを覚えている。

●**小学校**

父の転勤で、入学してすぐに福岡から千葉県の船橋に移った。

やはり家でのゲームは禁止で、毎日小学生新聞を読んだり、４歳年上の兄の少年マンガ雑誌を読んだりしていた。あとはテレビを見ていた。

小学生時代は主に船橋に住んでいた。遊びはゲームセンターでカードゲームをよくやっていた。父がマンガの『三丁目の夕日』が好きで、私もそれを読んでいた。

父方のおじにスキーが好きな人がいて、白馬村など長野県のスキー場によく連れて行ってもらった。

小学４年生のときに作文の宿題で「太平洋戦争のときに宝物が隠されていて、その暗号を解読する」内容のミステリー小説を書き、賞をもらって学校でみんなの前で読んだ。原稿用紙４枚ぐらいの「長編」で、担任からもほめられた。この頃は小説家にあこがれていたように思える。同時に、将来の仕事としてマスコミも考えるようになった。大変おぼろげではあったが。

●中学・高校

中学と高校は公立で、学校では自由にやっていた。部活は陸上部で、100m走では県内でトップレベルだった。

辛かったのは、携帯やゲームを母親に禁止されていたこと。兄は父にカメラを買ってもらい、鉄道写真の撮影や収集に専念していた。私はテレビを見たり、マンガを読んだりしていた。

新聞は、中高生新聞を読んだりした。

高校のときに、交換留学でオーストラリアの東部の海岸ゴールドコーストに2週間の短期留学をした。

また、マレーシアのジョホール・バールにも短期留学した。

このときの体験で、海外での仕事、外国との貿易などのビジネスに目が向くようになった。千葉県の語学に力を入れていた県立高校で自由に過ごしていた。

部活も熱心に取り組んだ。陸上部で棒高跳びをやろうとしたが、高校の陸上部には棒高飛びのコーチがおらず、また道具もなかった。陸上部の部長は長距離専門で「棒高飛びは本でも読んで自分で練習しろ」と言う。

それで近所のホームセンターでバーと、バーを支える柱を買った。クッションは100均で買ってきて、縫い合わせた。それを何枚も置いて着地の衝撃に備えた。

そもそも棒高飛びを選択したのは、子どもの頃に見たテレビの影響だ。世界チャンピオンの選手が空を舞うように優雅に足を上にして飛んでいる。空中で何秒も止まっているような錯覚に陥った。それほど衝撃的だった。

道具もなくコーチもいなかったが、本を読んで学び、自己流で県大会に挑戦した。さすがにニッチな競技で10人しかエントリー選手がいなかった。私は身長が168センチと高い方で、飛んでみたら5位だった。

この経験は何事にもチャレンジすることが大事ということや、根性の大切さ、生き方を教えてくれた。

●大学

　大学での語学のクラスは英語の成績順だった。県立高校では自信があったがミッション系の私立大学ではなんと５つある語学クラスの最下位になった。ショックだった。それで自主的に勉強に取り組んだ。大学では陸上部には進まず、マスコミゼミと語学に専念した。その結果、香港の大学の交換留学生に選ばれた。英国の大学もあったが、実力が及ばないことと生活費が非常に高かったので断念した。

　香港の大学の近くには世界的に有名なシャティン（沙田）競馬場があり、たまに学生仲間で行った。

　2019年のデモなど、政治的な話は御法度だったが、それ以外は自由だった。香港は物価が高いので苦労した。野菜や肉を買ってきて調理もできたが、大学構内には学生食堂が10ほどあり、そこでは１食500円で食べられた。

　香港は広東（カントン）語で、英語も広東訛り（カントンイングリシュ）で会話には苦労した。香港の上流階級と思われる学生は日本人である私の前ではきれいなクイーンズイングリシュを話してくれて、理解しやすかった。けれども、広東人の友人からは冷やかされるので、広東人の前ではわざとカントンイングリシュを話すのが面白かった。中国語も北京語（標準語）を勉強したので、読み書きやピンイン（中国語の発音表記法）を覚えて、発音に注意して会話するようにした。

●就職活動

　３年次に留学したので、ボスキャリ（ボストンキャリアフォーラム）にオンライン参加した。ボスキャリのエントリーシートは、参加するどの企業も同じ様式だった。海外のエントリーシートは志望動機をえんえんと数千字書くものだったが、ボスキャリに参加する企業には同じものが使えるので、一度完成させればよかった。

　ボスキャリの企業は日系企業も最終までオンライン面接があり、香港にいた私は助かった。

　マスコミもオンライン面接が多かったが、志望した新聞社の最終

面接は東京だったので、格安の飛行機で東京に行った。文章を書くのが得意だったので活かせると思っていたが、社会問題、時事的な質問で上っ面のことしか答えられず、最終で落ちた。悔しくて涙が出たが頭を切り替えた。そのときは「日本の時事問題にもっと関心を持つべきだった」と後悔した。

国際的な仕事がすぐできるアパレル会社に内定をもらった。中国にも支店が多いので、それで採用されたのだと思う。

今振り返ると、高校時代の短期留学と、大学の長期交換留学が私にとっては原点だった。あとは小説を小学生で書いて賞をもらった経験。それらが自己分析の原点で就活に大きく影響を与えた。
いろいろアドバイスをくれた家族に感謝したい。

強み発見!! 自己分析

●専攻科目

大学ではメディア・コミュニケーション・文化学を主専攻としている。幼少期から新聞を愛読しており、マスメディアへの関心が高かったことに加えて、高校時代の短期留学の経験から、言語や文化が異なる他者を理解する力を育みたいと考え、選択した。また、美術・文化財学を副専攻としている。趣味の美術品鑑賞を、より一層楽しむ知識を蓄えたいと考え、選択した。

●学んだことの詳細

主専攻では、メディアの功罪や、メディアの公益性、ＳＮＳ時代のメディアリテラシーなどについて学んでいる。メディアは権力監視の役割を担うという点で、民主主義の存続に必要不可欠な存在であると同時に、その影響の大きさを十分に理解した上での活用が求められると感じている。副専攻では、美術品の保存・活用や展示法などについて、大学構内にある博物館を利用して学んでいる。

●課外活動①子ども食堂でのボランティア活動

大学２年次に、１年間大学近くの子ども食堂でボランティア活動

を行った。数年前に子ども食堂の取り組みを知り、関心を抱いていたことに加えて、コロナ下の子ども達の助けになりたいという思いがあった。主な活動内容は、弁当作りと配布だった。

　コロナ禍以前は、子どもたち皆で食事していたものの、感染対策でお弁当配布に切り替わったことで、訪れる子ども達は人との交流が少なくなっていた。そこで、縁日など屋外でのアクティビティを企画・実行することで、感染リスクを抑えつつ、子ども食堂が子どもの第三の居場所としての機能を果たすよう努めた。「大人の人に話を聞いてもらえて嬉しい」「お友達と話せて楽しい」といった、喜びの声を子ども達からもらうことができた。

●課外活動②被爆地広島を拠点とした平和活動
　大学2年次の夏に1か月広島に滞在し、小中学生を対象とした平和フォーラムの企画・運営に取り組んだ。日本は戦後約80年を迎え、今の若者が戦争体験者の生の声を聞くことができる最後の世代と言われる中、過去の戦争を風化させないためにも、若い世代に過去の惨禍から平和について考える機会を提供したいと考え、活動した。従来は参加者を広島の学生に限定していたが、コロナ禍で初のオンライン開催となったことを踏まえ、全国の小中学生を呼び込むことを提案・実行し、過去最大の200人以上の方に参加していただくことができた。

　この経験を活かして、昨年秋には大学内でのオンライン原爆展を企画・開催した。参加者からは「核兵器の怖さを知った」「戦争がない未来をつくりたい」といった感想をもらうことができた。

●表彰
　2021年 大学の「成績優秀者リスト」に入る。

強み発見!! スキル・資格・自己ＰＲ

●自己ＰＲ
　私には、目標達成まで諦めず努力し続ける情熱がある。具体的な

エピソードとして高校時代の部活動が挙げられる。陸上競技の棒高跳びでインターハイに出場するという目標を掲げ、活動を始めた。しかし、私の高校はこれまで棒高跳びの選手がおらず、私が高校設立史上初の選手だった。そのため、跳躍設備や専門のコーチがおらず、練習できる環境が全く整っていなかった。加えて、公立高校だったため、予算も潤沢にはなかった。

　普通ならば、諦めて別の種目を選択することが賢明と考えると思う。しかし私は「ないならば作ればいいではないか」と考え、ホームセンターで購入した木材から練習器具を自作して、練習環境の整備に取り組んだ。また、私立の強豪校の選手と互角に戦うためには人一倍努力する必要があると考え、男子学生と同量の練習に励んだ。

　結果、3年次には、神奈川県大会・南関東大会を大会新記録で優勝し、目標としていたインターハイに出場することができた。この情熱を活かして、ビジネスの世界においても、高い目標を掲げ、それを必ず達成するために努力していきたい。

●高校時代に力を入れたこと

　高校時代に陸上部で取り組んでいた棒高跳び。2年次には関東大会の出場権獲得のために県大会3位入賞を目指したが、緊張で普段通りの力を発揮できず結果は5位だった。応援してくれる周囲の期待に応えることができず不甲斐なさを感じた。その後は、自らを見つめ直し自分に足りないのは勝負強さだと気づいたため、フィジカルトレーニングに加えて、独自のメンタル面の強化法を考案し取り組んだ。具体的には、試合本番で無心になれるよう日常生活の中で意図的に心を無にする状態を作ったり、もう一度試合で敗れたときの状況を鮮明に想像することで自分にプレッシャーを与え続けたりした。

　そうして心理面の強化を図った結果、3年次では県大会と南関東大会で共に自己ベストを出して優勝しインターハイに出場することができた。この経験を通じて手に入れた簡単に折れない心の強さは、今でも大きなハードルに直面したときに役立っている。

●大学時代に力を入れたこと

　学生時代には学業に力を入れた。高校では部活動が中心の生活を送っており、満足に学びの時間を取れなかったため、大学では関心のある事柄はすべて学ぼうと考えた。学内の成績優秀者に選ばれることを目標に取り組んだ。コロナ禍のため、教授に直接質問ができない・大学図書館が利用できないといった課題があり、教授に直接メールを送って質問したり、文献を取り寄せたりして理解を深めた。また、英語で開講される授業の講義やディスカッションを理解する力を身につけるために、毎日1時間のオンライン英会話と、毎朝2時間の予習復習に1年間取り組んだ。

　結果、2年次にはGPA（履修した全科目の成績の1単位あたりの平均値）3.9を取得し、学内で10名程が選ばれる「成績優秀者」として表彰されることができた。加えて、空き時間には英語や金融など興味のある分野の勉強に励み、FPや簿記、英語検定などの資格を取得した。

　この経験から、不十分な環境下でも目標に向かって日々努力することの重要性を学んだ。

●長所

　私の長所は、相手の立場に立ち、真剣に耳を傾けることができる所だ。この強みは女子寮で半年間寮長として活動した際に活かされた。私は留学前まで大学構内の女子寮で生活していた。寮には日本人学生や交換留学生、帰国子女など多様な背景を持つ生徒が在籍している。そのため、文化や価値観の違いから騒音や共用部分の使用に関して問題が頻発した。例えば、寮則で定められた時間外に共同浴場を利用する、ルームメイトが寝ている側で深夜に電話をするなどだ。

　「寮に住む以上は寮のルールに従って」と、ルールを押し付けることもできたが、私は「ルールを破らざるを得ない理由があるのだろう」と考え、寮生一人一人と対話する時間を設けた。また、寮についての意見を集めるために、定期的な匿名アンケートを実施した。

すると、「時差のある母国の家族と対話したい」「皆で裸で風呂に入ることに抵抗がある」といった声が集まった。

　そこで、24時間使用可能な電話部屋の用意や、風呂を一部予約制にするといった個人を尊重する施策を導入した。他にも、アンケートで集まった意見を元に、生活環境の改良に励んだ。

　結果、寮生活の満足度を10段階中5ポイントから8ポイントに上昇させることができた。

　この長所を活かして、入社後は周囲の人々に耳を傾けることで、率直な考えを話してもらえる雰囲気の良い職場環境づくりに貢献したい。

（ 評価とアドバイス ）

　家でのゲームを親から禁止されて、高校に進学するまでスマートフォンを持たせてもらえなかったことを嘆きつつ、結果的には幼少期から新聞に親しむことになったと自分史を作成しています。

　そして、高校設立以来初めての棒高跳び選手として、ゼロから環境を整えていき、3年生のときにはインターハイに出場したこと。高校は部活中心の生活だったため、大学では関心がある事柄はすべて学ぼうと思ったこと。それを実践したこと。それらを踏まえて自身の長所を導き出して、「周囲の人々に耳を傾けることで、率直な考えを話してもらえる雰囲気の良い職場環境づくりに貢献したい」と、社会に出てから（企業に入社してから）やりたいことに結びつけるのに成功しています。

自分史年表&
自己分析の正解例②

総合商社に内定したＮさんの「自分史年表」と強み発見の例を紹介します。
「０～６歳」「７～12歳」…と年代の区分は正解例①のＫさんと異なります
が、決まりはありません。

自分史年表

●０～６歳(未就学児)

　長野県に１人娘として生まれ、自然の中で育つ。両親は共働きで、
３～６歳のとき、祖父のもとに預けられた。広大な林に囲まれた一
軒家では夏にはホタルを見ることができた。中庭で、毎朝やってく
る鳥にパンくずをやっていた。小さな頃から大人に囲まれて過ごす
ことが多かったため、どんな人にも物怖じせずに接していた。

●７～12歳(小学生時代)

　自宅から４km離れた小学校まで、徒歩で１時間かけて通学した。
街灯のないような農道を１人で歩いていたため、学年の誰よりも脚
力があった。人見知りしない性格で、休み時間や放課後は、友人に
囲まれて過ごした。いわゆる「鍵っ子」だったので、留守番も多かっ
た。小学校３年からは、ガールスカウトの一員に加わり、週末はキャ
ンプや登山に取り組んだ。毎年夏には、東京からやってきた小学生
を流しそうめんやスイカ割りでもてなし、田舎暮らしを体験しても
らった。

　夏休みは鎌倉の叔父の家で過ごすことが多かった。夫妻は厳しく、
怒るととても怖いものの、私を可愛がってくれた。絵を趣味とする
叔父は、私に画材を買い与えた。私は油彩画に没頭し、コンクール
で県代表に選ばれるまでに上達した。長期休みに限らず、叔父に連
れられ、横浜や湘南でよくスケッチをした。

●13歳(中学１年生)

　勉強では手を抜かず、つねにクラスで１番の成績をキープしてい

た。小学6年生のときの担任の勧めで、県外の中高一貫校を受験して、合格することができたが、家庭の事情で諦め、地元の公立中学校に進学した。この経験はコンプレックスになった。

　当時は、共働きの両親のもとで、身の回りの家事を自分が担わなければならなかった。どうすることもできない状況に苛立ちを募らせ、疲労から学校生活への意欲を失っていた。そんなときに自分を支えてくれたのは、英語教師の田中先生だ。良き理解者となって相談に乗ってくれたことで、現実を受け止めることができた。もちろん英語の勉強にも熱心に取り組み、洋楽も好きになった。

●14歳(中学2年生)

　市の代表に選ばれ、アメリカのサンフランシスコに1か月の短期留学に訪れる。ホームステイ先のスタンレー家は母子家庭だった。ホストシスターのレイは私の2歳上だが、とても大人びている。彼女は自らの運転で高校に通っていたし、地元の行事にも自ら参加していた。彼女の姿と、自らの生活ぶりを重ね、もっと自立しなくてはと思うようになる。

　アメリカから帰国した翌年、家族でスタンレー家のレイを日本の自宅に招いた。近所の住民はアメリカから訪れた彼女に対して、公園でささやかな歓迎会を開いてくれた。高齢化で地域の交流が少なくなっていたが、住民が協力してくれたことを嬉しく思った。

●15歳(中学3年生)

　参議院が東京で主催するイベント「子ども国会」に県代表として参加した。全国の小中学生が集い、1泊2日で社会問題についていくつかの分科会にわかれて話し合い提言をまとめた。当時の総理大臣が挨拶に訪れた。閉会後のパーティーで、某参議院議員と話したことをよく覚えている。実業家でありながら、国会議員となった彼の気概に圧倒された。公務員や裁判官などの公職に興味を持っていたので、実際の議会に足を踏み入れたことを、誇りに思った。

●16歳(高校1年生)

　長野市にある公立高校に入学する。まず4月の1週間、生徒会に

よる応援の練習が行われた。指導を受ける曲目は校歌、応援歌３曲である。怖い顔をした生徒会長が「この応援練習を乗り越えて真の高校生になれる」と唱える。泣き出したり、倒れたりする学生が続出し、このような慣例があると知らなかった私は「とんでもない学校に入ってしまった」と少し後悔した。

　当初は部活動に参加しない生活を続けていたが、隣のクラスの友人から「一緒にインターハイに行こうよ」と弓道部に誘われる。弓道部は県内でも有数の強豪で、しごきや厳しい上下関係で有名だった。道場以外の場所でも先輩がいないかつねに目を光らせ、先輩と目が合う前に大声で挨拶するのが部のルールだ。正しい指導もあれば、理不尽と思える罰もあった。１年の秋から遅れて入部した私に対して、先輩たちの目は一層厳しかった。精神面が鍛えられたかはわからないが、おかげで、反骨心みたいなものは芽生えた。

●17歳（高校２年生）

　高校生活にも慣れ、勉強や部活以外のイベントに精を出すようになる。高校の伝統行事であるマラソン大会では50kmを走破した。途中、かかとの皮はむけ、汗で濡れた体操着が体温を奪い、身体は鉛のように重くなっていく。一緒だった仲間の姿はもう見えない。「何でこんなことしてるんだろう」と自問自答しながら、延々と続く山道を進む。ゴールして靴を脱ぐと足の爪がすっかり剥がれていた。終わってみると、来年への闘志が不思議と湧いてきた。

　得意科目は数学だったが、化学や生物に興味が持てず、文系を選択した。文章を書くことはどちらかというと苦手だったが、読書感想文コンクールでは学校代表に何度か選ばれた。作家の旅行記が好きだったので、それらにまつわるエッセイをいくつか書いた。その後も連続で県代表に選ばれ、壇上で発表することもあった。

●18歳（高校３年生）

　夏の県大会まで、週７回の猛練習をこなしながら、張り詰めた生活を続けた。「やるからには、誰よりも上手くなりたい」。たった３人のレギュラーに選ばれるために、１日60本の練習ノルマをこな

した。仲間と切磋琢磨し、最後の県大会では個人優勝を飾った。

　一方で、学業との両立に思い悩む。顧問からは、指定校推薦で進学することを勧められたが、推薦を断り、東京の国公立大学への進学を決意する。朝は5時に起きて、授業の予習をしてから練習に出た。部活終わりには図書館に立ち寄り、課題を終えてから帰宅するという習慣を徹底した。休日も練習試合に追われることが多かったが、その前後には必ず空き教室で勉強していた。塾に通わず、学校にこもって勉強し、周りの教師や友人を頼ることで、成績を伸ばした。結果的に、前期日程で第一志望の国立大学に合格できた。

●19歳(大学1年生)海外旅行

　大学に入ったら、オーストラリアに行くと心に決めていた。かつて地元で絵を教わっていた山田さんが移住したと聞き、ぜひ行ってみたいと思っていた。訪れたメルボルンは、活気や自然に溢れる豊かな街だった。日本の下北沢にも似た「フィッツロイ」という通りが、お気に入りの場所だった。ギャラリーやカフェが並び、手芸作家のフリーマーケットが開かれる文化的な地域だ。ある食器店に入ると、日本製の包丁が並んでいることに気づく。聞けば、店主の夫妻は日本文化が好きで、年に1回、包丁や焼物の買い付けに訪れるらしい。このことをきっかけに、帰国後は日本文化をはじめ、陶芸に興味を持つようになった。

●20歳(大学2年生)①学業

　大学2年生となり、大きな挫折を味わう。必修にあたるミクロ経済学の試験に落第してしまったのだ。再履修クラスは、谷口先生が担当する少人数講義であった。先生は「ポスドク」という、任期付きで大学に雇われている研究員だ。教授以外が受け持つ講義はこのクラスが初めてだった。先生は20代後半で比較的若い青年だが、どの教授よりも教えるのが上手だった。

　なぜそんなに教えるのが上手なのかと訊くと、大学院入試専門の予備校で講師をしていると話してくれた。ポスドクはアルバイトを掛け持ちして大学の正規雇用を目指す人が大半だという。彼の話を

聞き、精一杯学問を修めた人たちがこのような不安定な立場にいることを疑問に思った。このときは試験を突破することができた。その後の学習でつまずくことはあっても、再履修の講義を振り返って、乗り切っている。山口先生に心から感謝している。

●20歳（大学2年生）②アルバイト

　社会人の世界を知りたいと思い、繁華街のバーでバーテンダーとして働き始めた。最初は酒のこともわからなかったが、どんな人にも物怖じない度胸がマスターに評価された。初めは「酒も飲めないくせに」「若い女には勤まらん」と言われ、カウンター越しに沈黙が流れることもあった。悔しさをバネに、信頼されるバーテンダーを目指した。洗い物やグラス拭きなど、下積みを大事にした。客の好みに応えるため、開店前に練習を重ね、先輩の技術も研究した。また、新聞や専門誌で情報収集を続け、会話の引き出しを広げていった。相手を知る努力を怠らず、客の名前や好みの酒などをノートに書き溜めていった。何度もノートを見返すうちに、体調や来店シーンを気づかったサービスができるようになった。よそよそしかった客も、今や「いつものやつね」と気さくに話しかけてくれる。

●21歳（大学3年生）ボランティア

　大学3年生のとき、農業体験をしに1か月、群馬の農園を訪れる。大学の先輩が働いている農園で、枝豆の収穫を手伝わないかと誘われたのだ。旬はたったの1か月で、枝豆を買い求める客で直売所が賑わう。人混みをかき分け、毎朝、軽トラで農場へ出た。想像以上に枝が太く、かなりの重労働だ。農園の社員が畑で根元を切って葉を落とした束から枝豆のさやを、はさみで切り離していく。枝付きの束を規定の重さや長さに揃える作業も手伝った。昼食で振る舞われた採れたての枝豆は、大粒で甘味があり、わざわざ遠方から買い求める価値があると感じた。辛かったのは、雨の日の収穫だ。泥まみれになりながらもノルマをこなさなければならない。「農業で辛いことは何か」と訊けば、皆が口を揃えて「豆が十分に実らないこと」と答えた。そう聞いた私も、旬を迎えた枝豆が大きくなってい

くと嬉しく、虫食いやＢ級品を見つけると悲しくなった。

強み発見!! 自己分析

●自己ＰＲ

　勉強には手を抜かない。中学受験で中高一貫校に受かったものの、家庭の事情で諦めた際にはそれをコンプレックスに感じたこともあったが、部活と学業を両立させ、第一志望の国立大学に現役で合格できた。部活は高校で始めた弓道だ。猛練習を重ねて、最後の県大会では個人優勝を飾ることができた。

●長所

　私は幼い頃から大人に囲まれて育ったため、どんな人にも動じない度胸がある。この性格は、中学２年生のときのアメリカへの短期留学に始まり、大学時代のボランティア活動やアルバイトにも活かされた。アルバイトでバーテンダーとして働いたときには、始めは厳しい言葉も投げかけられたが、情報を集め、技術を磨き、積極的にお客様に話しかけ、徐々に厳しかったお客様からも信頼を得ることができた。途中でめげず、結果を得るまで努力を続けられることも私の長所だ。

評価とアドバイス

　幼少期から大人に囲まれて育ったため、どんな人にも物怖じせずに接することができる、という自己アピールは、対人関係が苦手な人が多い世代の志望者の中では、一歩抜きん出る大きなアドバンテージになります。

　勉強や部活に手を抜かず、各種イベントに参加する姿勢も採用担当者に好印象を与えます。さらに、挫折とそれをどう乗り越えたかは、エントリーシートで「志望者の人となりを見る」ための質問としてよく出されます。アルバイトでバーテンダーをしたときのエピソードは、幹部クラスの面接に進んだときに面接官から高評価を受けるかもしれません。

自分史年表＆
自己分析の正解例③

広告代理店に内定したＳさんの「自分史年表」と強み発見の例を紹介します。４章でも紹介しますが、自分史をエントリーシートで書かせる例も少ないながらあります。

自分史年表

●小学校卒業まで

神戸市の西区に生まれる。1998年完成の明石海峡大橋を見て育った。世界最大級の吊り橋に感動した。学校から見学に行ったときに鹿島建設の人が「作業員延べ200万人で死者ゼロ」というのを聞いて驚いた。

家族・親戚で毎年正月に神戸の中心にある中華街で食事会をよくした。ある店のワンタンだけのスープを気に入った。「ワンタンがほんまに好きやね。安上がりや」と叔母さんに言われていた。

●中学１年生

小学校時代のワンタンの店はとても高級な店だとわかった。子どもだけで行こうとしていたので、ショックだった。

習い事は、父母ともジャズが好きでトランペットを習わされた。音が出ないことにショックを受けた。レンタルして家でも吹くようになったが、下手なため妹に嫌がられた。吹けたのは１年後だった。

小学校６年生から入っていたボーイスカウトで７日のキャンプに行った。全国大会みたいなもので、妹も参加した。彼女の世話や、雨の日に濡れながら他の仲間と一緒に喧嘩をしながら食事を作ったりした。嫌いな人とも作業することや天候につねに注意するなど忍耐力がついたような気がしたが、神戸の家に戻ったら「せっかくの体験をすぐ忘れた」と母にぼやかれた。

●中学２年生

ショックだったのは、スマートフォンを持っていなかったのはク

ラスで自分を含めて４人だけだったこと。それで強く母に抗議するも無視された。テレビや雑誌など、インターネット以外で時間をつぶし、またその話題だけで、クラスの少ない仲間と盛り上がった。

テレビ、とくにＣＭに興味が持てたのは、スマートフォンを持っていなかったがためと納得している。

●中学３年生

バドミントン部に１年から所属していたが、３年でやっとレギュラーになれた。身長のハンデを乗り越えるために朝練もした。自分が負けず嫌いだとわかった。

雑誌『non‐no』の企画で就職には大卒が有利だと知った。そのページにあった上智大学を目指すことを決意。そのためにまず、県立高校の上位高の受験を決めた。仲間と図書館にこもって勉強した。その結果、県立の名門校に受かった。

●高校時代

部活は放送部に入った。この頃の将来の夢はアナウンサーだった。担当は音響や校内放送のパーソナリティーで、その面白さを知った。県のアナウンスの大会に出場するも、予選で敗退した。その後は、他のアナウンサー志望の子と発声練習をした。担任の指導もあり、２年生で県大会の準決勝まで進んだ。他校のライバルのレベルの高さに圧倒された。アナウンサー志望は辞めて、吹奏学部に入った。

トランペットを担当したが、あまりに仲間と差があることを実感した。猛練習してついて行けるギリギリの線まで上達した。

しかし「これ以上はうまくならない」と思い担任に相談した。担任の先生が「音楽は一生ものだから無理のない範囲で続けたら」と言うので、部活は最低限にして、大学受験の勉強をすることにした。ただ、のんびりした旧制中学の名門校だったので、あまり勉強もしなかった。父母の喧嘩が絶えないことも影響したのか、勉強に集中できなかった。志望校もこの頃には上智から他に変わっていたりしてダラダラしたら、どこも受からず浪人するはめになった。のんびりした高校とはいえ、浪人は20人ぐらいしかおらず恥ずかしかった。

●浪人時代

　予備校と家と最寄り駅のドーナツ屋さんをぐるぐる巡る日々だった。コンビニのスイーツにも興味を持った。どんな商品が流行るのか妄想にふけることが多くなり、文学部から経済学部に志望を変えた。大学入試２年目は滑り止めも多く受けたので、何とか複数の大学に受かった。

●大学入学〜現在

　アルバイトで資金をためて、海外留学をする準備をした。円安で費用は高くなるが、自宅の駅前のドーナツ屋とコンビニの両方でアルバイトをした。自分の大学のサークルが発行している雑誌で、単位が簡単に取れる先生の授業やゼミを選んだ。サークルも、お金がかからない大学の学園祭の実行委員会の幽霊会員になった。学園祭の当日だけの参加だけだった。

　留学先は、大学が成績に合わせて、人気が高い順に調整して、ポーランドになった。自分の学力ではこれがギリギリだった。授業は英語だったので安心した。物価が日本の３分の１なのでそれも助かった。それでも親戚を回って50万円を出世払いでかき集めた。後に父がボーナスで親戚に返していたことを知った。

　大学は天文学者のコペルニクスで有名なトルンの近くにある田舎街だった。現地のポーランド人は親日的だったので、楽しく過ごせた。親日的な理由は、日露戦争でポーランド人が大嫌いなロシアを日本が負かしたことにあるらしい。

　アメリカやイギリスやフランスなどに留学した人は「黄色人種」と差別されたというが、私はそんなことはなかった。休みには世界遺産で有名なポーランド南部のクラクフやバルト３国などを巡った。どこの人も親切だった。パーティーに呼ばれたらヘタなトランペットを演奏しても拍手だったのでうれしかった。巡ったのは旧ソ連の影響が強い国々だけに質素な生活ぶりがわかった。

　お酒は、ズブロッカというロシアのウォッカのような強い酒があり、強くなった。よくコーラで割って飲んだ。ビールもチェコのピ

ルゼンビールが美味しかった。パンが1日分たった30円で、とにかくこれを食べていれば生きていけた。

　就職活動は、この留学のためにインターンシップは受けられなかった。帰国したらいきなり本番だったが、オンラインで「ボスキャリ」（ボストンキャリアフォーラム）に登録しておいたので、そちらにもオンラインで参加している。

強み発見!!　自己分析

●自己PR・長所

　私はのんびりした性格を自覚しているが、その反面、負けず嫌いだ。中学ではバドミントン部に所属し、身長のハンデを乗り越えるために練習を重ね、3年生のときにレギュラーの座を勝ち取った。高校では2年生の途中から吹奏楽部に入り、周りの仲間との差を痛感したが、猛練習をして、何とかついて行けるレベルまでは到達することができた。

　また、さまざまな物事に興味を向けられる「目」を持っている。スマホを禁じられていた中学生の頃はCMの面白さに興味を持ち、高校で吹奏楽部に入る前はアナウンサーを目指して、放送部の県大会で準決勝まで進んだ。浪人時代には予備校帰りのコンビニで売られていたスイーツに、ひいてはマーケティングに興味を持ち、そのために志望学部を文学部から経済学部に変えたほどだ。

●大学時代に力を入れたこと

　海外留学。行先は成績を考慮して大学が調整するシステムだったので、自身で決めたわけではないが、ポーランドだった。

　ポーランドは親日家が多く、現地の人々と楽しく交流する日々を送った。ポーランド語を話すことはできないが、コミュニケーションは英語で図ることができた。将来的に、それを活かした仕事がしたいと考えている。

（評価とアドバイス）

　新聞社や出版社も含めて、エントリーシートで長文の「自分史」を書かせるのは今のところ数例です。

　しかし、自分の頭を整理して自分史を書いておくことで、自分が本当に志望する職業が何か、わかることが多いものです。

　正解例③を書いたＳさんは、ポーランドという珍しい国に留学しています。国際性や英語力を生かした仕事、接客や営業、取材など他人と接する仕事が向いているのかもしれません。

　エントリーシートとして提出した場合は、人事がこの自分史を読んで自社の社風に合うか、業務で使えるかなどを確かめます。そして、面接に進み、より上の幹部の判断となります。

　極端な少子化で、企業からすると学生の絶対数は少ないと考えられています。焦らず不安がらずに、じっくりと就職活動をしましょう。自分史はこれぐらい自由に書いて良いと思います。

動画や写真が必要なエントリーシート

　エントリーシート提出時に自身の動画をつけることは、最初は大手民放から始まりました。最近では、電子部品大手のキーエンスが採用しています。同社が課したのは20秒の自己ＰＲでした。他には、野村不動産が自己ＰＲで60秒。自分の失敗体験を面白おかしく話すのも１つの方法です。東急不動産が「社会人になって成し遂げたいこと」で30秒。小田急電鉄は「自身の強みがわかるようにあなたらしさを自由にＰＲ」で30秒以内。オフィス用品のアスクルは「あなたのＮｏ.１を自由にアピールしてください」で１分。

　写真を貼り付ける課題は、アパレルのワコールが「あなたらしさを表す写真とその説明、その写真を選んだ理由」を求めたことがあります。また、大手出版社で多く見られます。

　これらの動画や写真の課題は今後も増えると思われます。

　動画は自宅や大学の教室で背景が白または白っぽい壁を選び、壁から30㎝離れて立ち、家族や仲間に撮影してもらいましょう。よく見せるコツとして、撮影者以外にスマートフォンで光を本人に当てるアシスタント役も欲しいところです。服はスーツ姿が無難です。

　エントリーシートの顔写真はデパートの写真室で撮影するのが常識でしたが、ネットで安く撮ってくれるプロを探して依頼するのも良いでしょう。依頼する前に、写真のデータをもらえることを確認しましょう。

仲間にスマホで撮影してもらってもよい。

ひとりで撮影する場合は、スマホスタンドを使う。

3章

自己分析&
エントリーシートの問答集

この章では、志望する企業から内定を得た学生が書いた「エントリーシートの正解例」を紹介します。業界ごとに大きく分けているので、自身の志望先に合うものを選んでください。また、豊富な設問・回答を知ることが、内定に直結するでしょう。

※各設問・回答は一部の例で、細かい表現の違い等があります。また、固有名詞等は書き換えている箇所があります。

1 内定先：製薬①

一般用医薬品のＣＭでもおなじみの製薬会社ですが、認知症の進行抑制剤や胃腸薬などが主力商品です。

学科：薬学研究科
希望職種：ＭＲ（営業）

部活やサークルについて述べてください。

高校時代は卓球をやった。シングルとダブルスでインターハイの県予選の10位になったが九州地区大会には出られなかった。

大学のサークルは、文化系の手品部に所属した。

趣味について述べてください。

サークルにも所属した手品。あとは、鉄道の時刻表を読むこと。とくに貨物列車の時刻表が好きだ。約5000円の出費で長い貨物列車が走るシーンを想像することが楽しめる。

あなたが大学時代にリーダーシップを発揮して、チャレンジングに打ち込んだことやその成果を具体的に述べてください。

チャレンジングに打ち込んだことの動機や内容は

サークルの人集めが大変だった。サークル紹介雑誌に掲載する記事を魅力的に書いた。記事では会費についても触れたが、１年生は無料にして、それをアピールした。新入部員に聞くと、アルバイトをしているが、収入がカツカツだという声が多かったのだ。

成果は、前年度の倍増の10人が集まった。その後の定着率もよかった。定着率は、飲み会をやめてカフェで話したり、部室で先輩がマンツーマンで手品の基本から教えたりしたのがよかったと思う。「新人は勝手に学べ」という従来の放任主義を改めたのだ。

その経験で困難だったこと、どう工夫、克服したか？

　先輩が新入部員のレベルに合わせた指導をした。女子はまったくの初心者が多く、指導を希望する人が多かったので、まず新人女子に教えてから、少し手品を知っている新人男子とチームを組む、というローテーションにした。

　その結果、男子部員が多い中で、女子部員の定着もよくなった。

その経験から学んだこと

　「とにかく楽しくやる」工夫を常に考えることの大切さを学んだ。手品のネタは初級レベルでは簡単なものばかりなので、丁寧に教えれば進歩が早い。

　そのサークルとしては初の合宿も行い、宴会場での発表会も開催した。手品は自分で楽しむと同時に、他人や友人に見せて楽しんでもらうもの。やる人と指導する人のペアの組み合わせも大事だとわかった。ペアの息が合えば楽しい手品ができるのだ。合宿での発表会の衣装は女子の新入部員に考えてもらった。楽しいミッションを課すことも大切だと思った。

> 製薬業界を選んだ理由および
> 当社を志望する動機について述べてください。

　「○○○○○」が最初アメリカで、のちに日本でも認知症薬として承認された。認知症は深刻な社会問題だ。<u>ＯＢ訪問した際に「○○○○」という切除不能な肝臓のがん細胞に効く薬も好評と聞いた。</u>_①将来必要とされ、社会や医療現場からの期待が大きい新薬に取り組む企業理念が好きだ。将来性も期待できる。

　<u>貴社の工園内に併設されているくすり博物館（岐阜県各務原市）に子どもの頃、祖父と行った。岐阜に父の実家があるのだ。そこで何となく薬やそのメーカーに興味を持った</u>ような気がする。就職にあたっては、他に大手もあるが貴社を第一志望としたい。

> あなたは将来、どんな社会人になりたいですか？
> キャリアプランを踏まえて教えてください。

　30歳までに結婚して家庭を持ちたい。同時にその頃には一人前のMRになる。医師に信頼されるためには仕事以外の話も医師とできるように、自分の趣味も幅広く持ちたい。40歳頃には課長級として部下の育成にも力を入れたい。

●自己分析について

　よくできています。エントリーシート（ＥＳ）の質問としては典型的な例なので、他社のＥＳへ回答を応用できます。

　この企業では学生時代にやったことを「チャレンジング」（挑戦したこと）と表現して尋ねています。「チャレンジング」は、社内でも標語のようになっているのかもしれません。製薬会社として新薬の開発から役所の承認、販売まで相当な投資を行っています。リスクもあるので、「チャレンジング」を掲げているのでしょう。

　「困難」と「それをどう克服したか」もよくある設問です。自己分析では「困難」とその「克服」もできるように過去を振り返りましょう。具体的に書くのがポイントです。友人とお互いにエントリーシートの添削をしておきましょう。

●エントリーシートについて

　この会社は『会社四季報』などや新聞でも評価がここ数年で高まっており、志望者も増えています。

　後半の「製薬業界の志望理由」と「当社の志望理由は」は表裏一体です。会社の志望理由を書いてから業界の志望理由を書いてもよいかもしれません。

　製薬会社は大阪の道修町に本社（登記上含めて）を置くケースが多くあります。例えば、塩野義、武田、田辺三菱、住友ファーマ、小

林製薬などです。それだけ業界内の横の結びつきや交流が多いのです。また、合併もあります。道修町の名門藤沢薬品工業が2005年に山之内製薬と合併してアステラス製薬になったことも有名です。

新聞社が「当社志望理由」だけでなく「新聞業界志望理由」をよく聞くのと同じです。それだけ同業意識が強いのです。

アドバイス

業界研究をじっくりやることが望ましいと思います。製薬会社の営業職をＭＲ（Medical Representatives：医薬情報担当者）と呼びます。事務職や研究職との区別を明確化しておきましょう。

製薬産業は新薬開発に1兆円もの、つまり年間の売り上げに相当する投資を行い、利益の回収に時間がかかります。

沢井製薬や日医工のように、主に特許切れの後発薬（ジェネリック医薬品）の製造販売を行う会社もあります。それも最低限の知識として覚えておきましょう。

メーカーなどのエントリーシートには、その企業の商品名やサービス名を入れます。それも、なるべくマイナーな商品やサービスを選ぶのが良いでしょう。「よく研究してきた」というアピールになります。また、数多く挙げたり、「（具体的に）どのような商品・サービスを手掛けたいか、携わりたいか」まで書いたりするのも効果的な方法です。

2 内定先：製薬②

イギリスに本社を置く世界的な製薬会社です。がんの治療薬や呼吸器系の治療薬が主力商品です。

学科：経済学科
希望職種：事務・営業

趣味・特技を教えてください。

趣味は写真撮影、ランニング、ボクササイズ、ウィンドウショッピング。デパートや東京の原宿、地元である大阪市なんばの堀江などへ買い物に行く。特技は他人の名前を覚えること。

学業、ゼミ、研究室などで取り組んだ内容を教えてください。

井上ゼミ。金融論のゼミで、サブゼミ長として飲み会や合宿の手配、マネジメントなど裏方を務めた。

自己PRを記入してください。

昔から面倒見のよいお姉さんタイプと言われる。ゼミでも「長」ではなく「副長」としてメンバーの要望を常に吸い上げ、ゼミ長や教授に伝える役割を果たしている。とくに経済学部では女子学生が少ないので、他のゼミの女子学生ともLINEなどで連携を取っている。

アピールしたい趣味はモノクロカメラ（アナログ）だ。梅田の中古カメラ店でニコンの一眼レフを買った。フイルムを現像に出すのは面倒で費用はかかるが、撮影前にスマートフォンで大枠を撮影して、確認してからシャッターを押す。友人知人の顔写真や古い建物を主に対象としている。現像したときに自分の意図がうまく表現できているかを楽しみにしている。

> 自ら工夫して課題解決や目標達成に取り組んだ経験に
> ついて、次の観点を含めて記入してください。
> 「どのように課題や目標を設定したのか」
> 「どんな工夫をしたのか」「結果はどうだったのか」

　ゼミを安易に選んでしまったと反省した。しかし、そのおかげで猛勉強をすることになった。教授に相談すると、日経新聞の読み方の本を勧められた。金融用語がわかれば教科書も新聞も簡単に読めるようになるとアドバイスを受けた。

　目標は日経新聞や教科書をすらすら読めることで、課題として金融用語を100選んでそれを理解するようにした。工夫としては、「金融用語を覚える」「新聞やテキストを読む」「ふせんに不明なところを書き、あとで調べる」ことを反復した。その結果、日銀の金融政策や財務省の銀行などへの指導、銀行の果たす役割などが理解できた。まだまだなので、卒業までには90％は理解できるようにしたい。そうすれば、社会に出てからも新聞の経済面が読めて、仕事に役立てられると思う。

> 当社を志望する理由を教えてください。

　英国の製薬会社で国際的である点だ。日本でもヘルスケア・オープン・イノベーションエコシステムを設立して280社ものパートナーを集めた。新しいことに挑戦する企業だと思った。ヘルスケア業界の狭い枠内でとどまらない姿勢が面白いと思った。

●自己分析について

　すなおにゼミの選択を誤ったことを反省しています。大学のゼミの選択は難しいものです。一部の大学ではゼミや授業選びについての雑誌まであるので、参考にすると科目登録での間違いは少ないで

しょう。

　自己分析は本来、「将来の職業」と合わせて「昔からの夢」など
を振り返る機会なので、就活ではそれを大いに生かしましょう。

●エントリーシートについて

　この会社のエントリーシートは、外資系らしく設問が少なくなっ
ています。書類選考やＳＰＩ３などのテストで絞り込む方式のよう
です。

　会社研究もよく行っていますが、日本法人の役員には英国人もい
るようなので、英語能力を事前に自己アピールしてもよいかもしれ
ません。入社後は会議などが英語で行われるかもしれないので、こ
の会社に限らず、外資との合併会社は注意しておきましょう。

アドバイス

　新型コロナウイルスが広がり始めた時期に、この会社の薬が話題
になったことがあります。

　学生は過去のこととして忘れていれても、当事者(会社)は鮮明に
覚えています。エントリーシートで触れてよいかどうかなどは可能
ならＯＢ・ＯＧ訪問をして、確認しておきたいところです。あるい
は、会社説明会(オンライン含む)などで質問できるなら、しておき
ましょう。

　また、外資系は雇用形態が終身雇用ではないので、社員の定着率
や平均の雇用年数を調べておきましょう。

3 内定先：製薬③

幅広いジャンルの一般用医薬品、健康食品、化粧品などを手がけています。CMでもおなじみです。

学科：情報工学科
希望職種：研究

> 高校・高専時代の部活やサークル、課外活動があれば教えてください。ない場合は「なし」と記入してください。

高校のハンドボール部で県大会のベスト16まで行った。ポジションはキーパーだった。部活ではチームワークを学んだ。

> 大学時代の部活やサークル、課外活動があれば教えてください。ない場合は「なし」と記入してください。

ハンドボール部（体育会）に1年いたが、サークル「熱狂的中日ドラゴンズ部」に移った。

> 現在、所属する研究室・ゼミ名、指導教官名、研究やゼミのテーマを教えてください。
> 卒業されている場合は卒業直前のものを記載してください。

樋口研究室『顔認識機能の研究』

ゼミ員で3年かけて、顔認識だけで研究室に入れるシステムを作った。研究室に入るのにカードが必要だったが、紛失する人が多いので、「顔パス」だけでドアが開く仕組みにした。

メンバーの顔写真が、正面や斜め、横、さらに帽子、眼鏡着用など1人につき10枚近く必要だった。それらのデータを入力するのが大変だった。

> あなたの趣味や特技を教えてください。

サッカー観戦、鹿島アントラーズのファン。特技は、全国珠算教育連盟珠算検定1級。

アルバイト経験があれば経験年数と共に教えてください。
ない場合は「なし」と記入してください。

- 家庭教師　　　　　　　　　　　　　3年
- マクドナルド　　　　　　　　　　　2年
- 餃子の王将(調理、ホールスタッフ)　1年
- イベント設営(椅子を設置する業務)　2年
- ヤマト運輸の配送センターの仕分け　2年

習い事やクラブチームなど学外経験あれば経験年数と共に
教えてください。ない場合は「なし」と記入してください。

- 珠算(全国珠算教育連盟珠算検定1級)　4年
- ピアノ　　　　　　　　　　　　　　3年
- サッカー(浦和レッズユース)　　　　3年
- 水泳教室(地元)　　　　　　　　　　3年
- フランス語(アテネ・フランセ)　　　3年
- 習字　　　　　　　　　　　　　　　2年
- 英会話教室　　　　　　　　　　　　1年

インターンシップの経験があれば受け入れ先と期間を教えて
ください。ない場合は「なし」と記入してください。

　マーケティングの○○○株式会社に3か月。IT企業の勉強のために行った。就職する気はなかったが「今は小さいがソフトバンクのように巨大化する。主流とはいかないが大きな流れになるし、手法が伝統的な企業でも子会社なので成長する可能性がある」とインターンシップ中に言われた。勉強になった。

自分のキャリアをどのように考えていますか？
300文字以内で教えてください。

　将来のキャリアについてはまだ漠然としている。両親は安定した

会社での研究職を望んでいる。「自分自身ではまだわからない」というのが正直な気持ちだ。

　しかし、就職は定年まで勤められる面白い会社に、と考えている。貴社に応募したのは「夢がある」と思ったから。

　②貴社は一般用医薬品が本業だが、大阪へ行ったときにＪＲ大阪駅近くの商業ビルにある貴社のレストラン「○○○レシピ」に入った。関西に実家のある大学の友人が案内してくれた。上品なレストランと共に隣接する野菜の室内栽培工場が面白いと思った。仕事をやりつつも世の中の流れ、変化についていけるような企業がこれからは伸びると考えた。そういう企業の中で勉強しながら自分のキャリアを育てたい。

> 何か伝えたいことがあれば300文字以内で教えてください。

　ＪＲ大阪駅近くのレストラン「○○○レシピ」の発案から着工、オープン、その後の経営について詳しく知りたい。

●自己分析について

　性格などの自己分析はきちんとされていて、エントリーシートに反映されていると思います。

　①学生時代に学んでいたのは顔認識システム系の研究室で、製薬業界とは分野が違います。大学院に行かないなら文系への転換もありだと思います。この会社のエントリーシートは細かく高校・高専時代からの思い出のようなレベルのことまで聞いています。あえて、自己分析をエントリーシートの中でさせています。みなさんもこういうエントリーシートの企業は積極的に受けたらよいでしょう。

　できれば小学校時代の部活や思い出から、自己分析として書き出しておくと本番のエントリーシートを書くときに役立ちます。この企業のエントリーシートは自己分析させることを徹底しているように思えます。

●エントリーシートについて

　この学生の強みは「好奇心」です。それがエントリーシートに現れています。エントリーシートの企業の、本業とはまったく違う業務(健康をイメージしたレストラン)にも実際に行っていて、好奇心が強いことを自己アピールしています。

　ガクチカ(学生時代に力を入れたこと)は普通です。それはアルバイトをみればわかります。もしあなたがまだ1年生や2年生になったばかりなら、インターンシップやアルバイトを2〜4社で体験するとよいでしょう。

　インターンシップは、第一志望の内定にこだわるならそこをわざと外して、第二志望群の企業のインターンシップで経験を積む方法もあります。

　アルバイトも、夏休みに1〜2週間自由になるならボラバイト(ボランティアとアルバイトを合わせた造語)をマッチングするサイトで見つけて、北海道などの酪農や農業のアルバイトをするのもよいと思います。それらのアルバイトを体験しておけば、体力や行動力、さらに学生が嫌う3K(汚い、きつい、危険)も自分は克服してきていると自己アピールできます。

アドバイス

　自己分析もエントリーシートでの自己アピールもよくできています。コメントするとしたらこの製薬会社で営業をやりたいのか、研究をしたいのか、一般用医薬品メーカーなので商品開発をしたいのか。よく方向性を自己分析しましょう。そのためには企業研究もすること。大阪のそのレストランに再度行って、客層や客単価や人気なども分析しておくとよいでしょう。

　また、他の一般用医薬品メーカーとの比較もしておくと完璧です。

4 内定先：製薬④

医療用医薬品の自社開発に強みを持つ製薬
会社です。一般用医薬品も手がけており、
スポンサー活動も幅広く展開しています。

学科：薬学研究科
希望職種：MR（営業）

> ①ご自分のスキルを、そのレベルを含めて列挙してください。
> 使用できる実験器具名、マイクロソフトやアドビなどのソフト、
> プログラミング言語。検定で証明できない言語（昔住んでいた
> 国の言葉や趣味で覚えた言語など）、あるいはその他趣味や得
> 意なこと、ほかにビジネスに結びつく可能性があるかもしれな
> いことと思ったもの何でも。
>
> 例：エクセルで簡単なマクロなら組める、中国語ネイティブ、
> 　　LINEでスタンプを自作して販売している、Final Cut
> 　　Proで編集して動画投稿サイトにアップしている。

　ワード、エクセル、フォトショップは普通に使える。プログラミ
ング言語は使えない。外国語はハングルを区役所の文化講座に通っ
て学んでいる。留学はアメリカ・カルフォルニア州のロサンゼルス
に夏休み短期留学した。

> 当社に興味をもった理由、きっかけを教えてください。
> その上でインターンシップエントリーの方は学びたいこと、体
> 得したいことを記入してください。採用選考エントリーの方は
> 入社して成し遂げたいことを記入してください。

　MRを志望している。知人に医者の子どもがいて、貴社のMRは
「すごい営業をする、と父親が感心していた」とその知人から聞い
たのがきっかけ。

当社には5つのバリューがあります。ご自身にとって
とくに共感できる2つを選び、そう思う理由やご経験を
それぞれ書いてください。

- コンプライアンスの徹底
- 既成概念の打破による進化
- 不屈の精神による貫徹
- 多様性の尊重
- 社会への貢献と共存

　1つは「多様性の尊重」だ。性的マイノリティを尊重するだけで
なく、服や製品、トイレなどだれでも利用できたり、着られる、使
えるものが時代に求められている。

　もう1つは「不屈の精神による貫徹」だ。学生時代にサークルで
ラグビーをやっていた。ポジションはフォワードで、スクラムでは
誰にも負けなかった。体力とチームワークには自信がある。最後の
最後で点差をひっくり返せるスポーツなので、とても共感できる。

バリュー1（多様性の尊重）
共感できるものとして1つ目のバリューを選ばれた理由や
それに関係するご自身の経験をPRしてください。

　だれでも利用できるトイレがある公共施設が増えた。時代の流れ
になる。服や靴もユニセックスのものが増える。

バリュー2（不屈の精神による貫徹）
2つ目のバリューについて同様に。

　高校では部活でラグビー部に入り、大学ではサークルでラグビー
をやった。6点差以内なら、ノーサイドの笛がなるまで逆転の望み
があるのがラグビーだ。ビジネスの世界もそうに違いないと思って

いる。

あなたの尖った強み
当社の人材像は「他社をひきつける尖った強みを持ち、新しいことにチャレンジを続ける人」とされています。あなたの尖った強みとはどういったものか。端的に表現してください。

サークルの運営などでもめたときは、わざと尖った意見を言うことで議論をまぜこぜにした。すると意外にも、みんなが意見を言うようになる。それで、意見が出尽くしたところでまとめていく手法を学んだ。

将来どんなキャリアを歩みたいですか？
形にはこだわらないので自由にご記入ください。30代、40代…など年代を追って記入頂いても良いです。ご自身の目指す最終到達地点のみでも結構です。また企業内のキャリアパス（ジョブローテーションや昇給など）を中心に記入頂いても良いです。「こんな社会人になっていきたい」といった理想の人物イメージでも良いです。文字数に余裕がありましたらそう思う理由なども教えてください。

トップのMRになりたい。キャリアパスとしては早く結婚して親を安心させ、家庭内を落ち着かせてから仕事に励みたい。
パートナーも育児期間は仕事に専念しづらいのでそれは同じだと思う。

興味ある職種群のイメージ
仕事・企業選びでどういった点がポイントになりそうですか。現時点での想像でかまいません。

MRに早く配属されたい。営業が企業を支えていると思う。

●自己分析について

　①この企業のエントリーシートは、スキルについては過去を振り返るより、今どのようなスキルを持っているかを見ることにこだわっているようです。

　したがって、スキルの項目では、ＳＮＳやパソコンに詳しい友人を探して教えてもらい、その実績を書くとよいでしょう。例えば、初歩でもよいので、自分でＬＩＮＥのスタンプを作って販売するなど、実践してみたいところです。自己分析として「将来に備えたスキルアップを図れる」こともアピールできます。

●エントリーシートについて

　設問が高度で、書くのが難しいです。ハードルを上げて受験しにくくしている節があります。このような場合は、完璧さにこだわらず記入していきましょう。この企業が第一志望群なら、ＬＩＮＥのスタンプ作成や販売のノウハウをエントリーシートに書いてから、実際にやってみてもよいでしょう。通過後の面接で問われたときに、答えることができます。

アドバイス

　エントリーシートの難易度がとても高い企業です。上位１％のレベルに入るかもしれません。もし、第一志望群ではないのであれば避けるのも１つの方法です。逆に、この企業のエントリーシートから始めると他のエントリーシートが楽に書けます。

5 内定先：**食品①**

世界的な清涼飲料水の国内販売（北海道・
北東北・北陸・沖縄を除く）を手がけてい
ます。

学科：経営学科
希望職種：営業

> 1．学生時代に力を入れた活動（学業・部活・サークル・ア
> ルバイト・ボランティア・インターンシップ・趣味）な
> どはありますか。

インターンシップでＩＴ系の会社と日系のＰＲ会社に行ってい
た。両社とも無給だったが、業界の勉強になってよかったと思う。
仕事に対する私のイメージが大きく変わった。ＰＲ会社では「世の
中にこんなことでビジネスが成り立つ場があるのか」と驚いた。企
業が広告を出すとお金がかかる、それも場合によっては億単位の金
額だ。ＰＲ会社は新聞や雑誌、テレビにネタを提供して記事や番組
にしてもらうものだ。お金は商品をＰＲしたい企業からもらう。

社員さんの仕事について行ったこともある。訪問先は某新聞の経
済部の記者で、新商品の記事を担当していた。社員さんはこの記者
に対し、企業の代わりとなっていくつかの商品の特徴や面白さを話
していた。記事を書くかどうかはその経済部の記者の判断だが、面
白おかしく社員さんが話しているのに感心した。

> 2．学生時代に得た経験で、今後のキャリアに活かせると思
> うことはありますか。

埼玉県本庄市から大学のある新宿まで学生が歩いていく「100キ
ロハイク」というイベントがあり、２日かけて行うと聞いていたの
で語学クラスの仲間４人で参加した。

毎年６月にあるが、近年は、昼間は直射日光が暑い。５人のうち
１人が大宮付近で体力を消耗して脱落した。途中仮眠できる場所も

あるが、私たちは先を急いだ。その後も川口で足痛により１人棄権した。私はいつの間にか仲間とはぐれた。面識のない女性２人組と新宿を目指してよろよろと歩いていた。人間、究極の状況だとだれとでも口がきけるようになる。とくに私は女性が苦手だったが、これをきっかけに女性ともふつうに話ができるようになった。

3．自己ＰＲをしてください。

　今では、老若男女だれとでも話ができる。初対面の人でも旅先などで「いい景色ですね」「どちらからですか」と気軽に話しかけるようにしている。すると、中にはおしゃべりな人がいて、意気投合してＬＩＮＥ交換したこともある。日常生活では機会があまりなく難しいかもしれないが、きっかけを見つけることができれば誰とでも話せる。

　営業職では、とくに知らない人と話すことのできる能力は重要だと思う。

4．当社への志望理由と、入社後にチャレンジしてみたいことを教えてください。

　食品会社や飲料会社を中心に受けている。人間の生活の中で飲食は「要(かなめ)」だと思う。

　貴社は数年前に日本限定でレモン系のアルコール飲料を手がけ、ヒットさせた。貴社はこれまでアルコール飲料を出してこなかった。やったことがないことへの挑戦をして、成功を収めた。それが決め手だ。

　入社後は営業をしたい。とくに自動販売機の設置に関する営業をしたい。どんな製品があの自販機の「箱」から売れていくのか想像しただけで楽しい。

5. これまでの人生で「壁」にぶつかったことはありますか。また、それをどのようにして乗り越えましたか。具体例を含めて教えてください。

とくにないが、中学のときから語学が苦手だった。先生とそりが合わなかったせいもある。大学でそれを克服、打開するためにＥＳＳ（英語サークル）に入った。そこでは自分が最低レベルだった。やめようかと思ったが、そこで知り合った彼女の手前もあり、だらだら続けた。

しかし、それがかえってマイナスになり、本分である学業のほうにも影響が出だした。それで彼女と話し合い、ついに退部した。

その後、ボランティアサークルに入った。そこでは高齢者の介護施設を回って人形劇をやっていた。それが意外と面白かった。彼女との交際は続けているが、サークルはいろいろなサークルに挑戦して自分に合うものを見つけるのがよいと思う。会社での仕事もこれと同じで自分にあった職種は必ずあると考える。

6. これまでに人生の中で周囲を巻き込んで何か達成したことはありますか。具体例を含めて教えてください。

家の近所のお祭りを手伝わされた。やることは兄が所属している消防団が出しているお好み焼きの屋台だ。夏休みに帰省していて暇だったので、しぶしぶやった。屋台の店員は健太郎くんという兄の同期と自分の２人。健太郎くんはお好み焼きをつくることに関してプロ並みの腕前だった。実家の神戸では、キャベツが余るとお好み焼きを焼くのだそうだ。

私は焼きそばを担当して、屋台は成功裏に終わった。利益は１万円出て、健太郎くんと二分した。不思議に達成感があった。

●自己分析について

　正直に書けています。自分を飾らないのが良いです。周囲を巻き込むという設問で実家の兄弟の関係から消防団というキーワードを出しています。自己分析すると兄弟や親や親戚関係でいろいろあなたの人格形成、性格形成につながるものがあります。

●エントリーシートについて

　設問6の「周囲を巻き込んでのこと」でたいていの学生はゼミやサークルでの出来事を書きます。それが学生生活の中心ですから仕方ないのですが、人事担当者は「またか」と思います。

　そこで目新しい「実家の近所の祭りの話」をテーマにして書いているのはとても評価できます。

アドバイス

　この企業は役員に外国人の名前が並ぶ外資系の飲料会社です。売り上げも8,000億円と大きく、人気もあります。上場していますが、年収は非公表ですから、まずはOB・OG訪問をしてみて社風や年収などの待遇を知ることです。

　食品会社は潰れにくい（安定している）という意味で人気の業種です。したがって、インターンシップなどをしなくても志望者が集まります。

　この業界を目指すなら志望者が多いことを覚悟しておきましょう。したがってBtoB（企業間取引）、卸売、食品メーカーに材料を供給していて消費者が知らない会社を目指すのも1つの方法です。

6 内定先：**食品②**

食品のみならず、医療用・一般用の医薬品
製造販売も手がけています。

学科：経営学科
希望職種：人事・法務

ゼミ、研究内容、得意科目を教えてください。

経営工学系のゼミで、企業の統治システムを研究している。得意科目は英語で、TOEIC®L＆Rテストではスコアを820点取っている。

あなたのストレス解消法を教えてください。

自転車を漕ぐこと。ロードバイクでゆっくり20km（約1時間）走ることもある。

あなたの長所を教えてください。

好奇心があること。人の話にすぐに首をつっこむこと。LINEの交換をすぐにすること。

あなたの短所を教えてください。

他人の話にすぐ首をつっこむことで嫌がられる場合があり、それが欠点とも言える。

LINEの交換もそうで、やはり嫌がる人もいるので、相手の顔色などをなるべく窺うようにしている。

食品企業の中で当社を志望する理由を教えてください。

貴社の製品は、同業他社の同じジャンルでも高価格帯のものが多い。ヨーグルトがその典型例だと思う。高品質の製品を消費者に提供していることが理由ではないか。

当社でどう活躍したいのか教えてください。

人事部門、法務部門など。

> 学生時代に課題から逃げずに粘り強く取り組んだこと、またそこから得られたことを教えてください。

　○○○弁護士(企業法務の第一人者の1人)を招いてゼミで講義を聞くイベントを開いた。他大学の教授の伝手もあり、学生が多く集まった。招くまでの交渉は主に電話やメールで行ったが、ビジネスレターの書き方の勉強にもなった。

> 自己PR(内容は問いませんので、自由に記述してください)

　発想力があるので、人事や法務のイベントの企画、それもお金がかからないものを構築できると思う。

●自己分析について

　自分の長所・短所についての分析は良いと思います。ただし、面接で聞かれたときに話せば良いというのではなく、できるだけ詳細に書いて人気企業の高い競争率を突破するようにしたいところです。この場合だと、○○○弁護士がどう有名なのか、法務部の人間ならわかっても、人事がわかるとは限りません。

●エントリーシートについて

　人気企業である割には、比較的エントリーシートの設問が簡単で書きやすいです。エントリー数が多くなり、次の筆記試験やオンライン面接に進むには、極めて高いハードルがあります。

アドバイス

　ゼミで研究していることをもう少し具体的に書くとよいでしょう。「当社でどう活躍したいか」というところは、少なくとも法務部門でコンプライアンス(遵法精神、遵法主義)を社員のみなさんにどう徹底させるのかなど、細かく書く必要があるでしょう。

7 内定先：**食品③**

製パンの大手企業で、パン類や菓子類を手がけ、海外にも展開しています。

学科：マーケティング学科
希望職種：営業

当社を志望する理由を教えてください。

業界1位な点。親戚に食品業界の関係者がいて、貴社の営業の強さは有名だと教えてくれた。

具体的には、大手コンビニが自社ブランドのパンを無名メーカーを使って販売した際に、当初、コンビニの棚には自社ブランドばかりが並んだが、その後はじわりじわりと貴社の製品も多く並ぶようになった。これは製品開発力だけでなく貴社の営業力の強さによるものと聞いた。

①営業力ナンバーワンの会社で働いてみたい。

自己PRをお願いします。

ゼミの宴会係として座を盛り上げることが得意だ。担当の教授が、年に4回の発表会のあとに懇親会と称して大学の近くの中華料理屋で、低予算で打ち上げをする。私は幹事長ではなく副幹事長だが、やっているのは宴会や合宿をいかに安くするか、交渉したり、交通手段も含めていろいろ考えることだ。

学生時代に力を入れて取り組んだことを教えてください。

やはりゼミでの苦労だ。下級生から苦情の多い雑用などの問題を、上級生が会議で解決する。マニュアルを作るが役に立たない。そこで、一人ひとり呼んで不満を聞いてあげる。

マーケティングのゼミで研究自体は難しいものではないが、プライベート重視の下級生にどう理解させるのか苦労した。

●自己分析について

　自分が中学、高校生のときにどんな生徒だったのかを分析しておくと、大学生の今のあなたのことをもっと深く自己アピールできるようになります。

　それを営業職の仕事とどう結びつけるのかがポイントです。

●エントリーシートについて

　この会社のエントリーシートは書く文字数が少ないし、設問も簡単です。

　それだけに短い中にも人事の担当者に訴える文句（文章）を書く必要があります。それには、大学のキャリアセンターにお願いしてＯＢやＯＧを紹介してもらい、訪問することです。そうするとアイデアが浮かんできます。

アドバイス

　この会社は連結売り上げ１兆円の大企業ですが、年収が比較的安く、食品企業の中でも高くない方です。『会社四季報』でも約２万人の従業員で38歳の平均で年収580万円です。

　その辺を覚悟して受験する必要があるでしょう。

　その反面、安定している企業ではあります。終身雇用が良いと考えている人は、エントリーシートを出しても良いでしょう。

8 内定先：**食品④**

菓子類、乳製品、レトルト食品などを製造しています。大阪にある大きな看板でも有名です。

学科：法律学科
希望職種：営業

設問1．学業・ゼミ・研究室で取り組んでいる（1）内容、（2）理由、（3）成果について詳しく教えてください。

少年法の研究のゼミに所属している。

理由は、この少年法だけでなく刑法も勉強できるゼミなので。

研究の成果としては、日本の法曹界では、まだまだ保守的な考え方が主流にあることがわかった。少年の更正、社会復帰など課題もわかった。

設問2．あなたの経験やエピソードについて、あなたの強みがわかるように教えてください。

知人の小さなパン屋の手伝いをしたことがある。

その際にわかったことだが、集客を狙ってSNSのインスタグラムなどを素人なりにやってみたのだが、効果はほとんどなく、難しかった。ところが、あるとき地元新聞から取材の申し込みが来て、私も店のアピールに協力したら、新規の客が50％ほど増えた。大半がその地区の新住民らしい。新聞記事を見なかったら、店の存在さえ知らなかった人たちだ。

商品を売る手段が多様化しているが、やはり運やブームや土地柄もある。基本は商品だが、それをどう広めていくか。PR会社なども使い、ローカルのマスコミに売り込む必要があるのではないか。

●自己分析について

　自分の体験をうまく自己分析して書いているので、説得力があります。

　この企業も伝統的な有名企業で、幼い頃から馴染みがあるはずです。志望動機を探るため、もっと幼い頃からの記憶をたどっていくと良いでしょう。

●エントリーシートについて

　設問が２つしかないので、書きやすいエントリーシートではあります。逆に言えば、多くの学生が子どもの頃から馴染んできた企業なので競争倍率は高いです。

　この企業が第一志望ではないなら、同業他社や中小企業のエントリーシートの「訓練」として書いてみましょう。

アドバイス

　関東や東海、そしてこの企業の本社がある関西には、小さい企業がひしめいています。

　年収などの待遇や知名度よりも、通勤時間や親元からの距離、労働環境、働きやすさ、雰囲気を優先するのも１つの考え方です。

　中小メーカーには下請けだけでなく、独自製品を持つ有力企業もあります。それらを選択肢に入れても良いでしょう。

9 内定先：食品⑤

大手ビールメーカー。2枚看板の主力商品
で世界にも進出しています。

学科：数学科
希望職種：広報宣伝

生まれてから今までの人生におけるあなたの挑戦とそこから学んだことを最大3つ教えてください。

　1つ目は中学生のときに横浜の自宅から熱海まで1人で自転車でツーリングしたこと。本来は静岡に転校した友人に会いに行くつもりだった。途中で家に電話したら里心がついて挫折した。帰りの熱海から家までが遠いことを痛感した。物事は計画して実行するのは簡単だが、後始末（疲れているのに今までの距離を自転車で漕ぐ）が難しいと思った。

　2つ目は高校の卓球部。中学ではトップクラスだったが、高校では下位で挫折した。大会に選手として出してもらえなかった。

　3つ目は大学でサークルを立ち上げたこと。サークル紹介雑誌に掲載して、新歓コンパを2回開いたら1年生が集まった。

あなたの専攻の研究・学問について教えてください。

　数学専攻で、素数の歴史を研究している。暗号にも用いられているので奥が深い。宝くじのロト7などに応用できないかが専門だ。

当社で挑戦したいことを教えてください。

　どういうタイミングで新商品を発売したら売れるか。新商品の内容は製品開発部で決めると聞いているが、科学的なマーケティングに挑戦してみたい。

> 将来どんな社会人になりたいか一言で教えてください。

　30歳までに結婚する。共働きで貯金して子どもができたら、子どもが中学に入るまでパートナーにお願いして専業主婦になってもらう。家族にも助けられ新商品や販売のアイデアを生み出したい。サークルの経験を生かして後輩と仲良く仕事をしたい。

●自己分析について

　中学生のときの自転車旅行の話が面白いですね。採用担当者の印象に残るでしょう。もう少し、どんな自転車だったのか、ママチャリかロードバイクなのかメーカーなども含めて具体的に書けば良いでしょう。

　素数の研究は自己アピールになりますが、具体的にどう研究しているのかが不明です。

　「将来どんな社会人に…」という設問は珍しいので、これに力を入れて大学、高校の出来事をもっと自己分析しましょう。

●エントリーシートについて

　よくできていますが、祖父母や親戚にもインタビューしてネタを仕入れましょう。「将来どんな社会人に…」は可能なら最近入社した若手のＯＢ・ＯＧを訪問すると、アイデアをくれるかもしれません。

アドバイス

　この食品会社は、エントリーシートから自由なのんびりした雰囲気を想像することができます。学歴重視よりも人物重視と思われます。また、人生プラン（キャリアパス）も設問にあります。「どの部署で」「30歳で係長」「40歳で課長」などの目標を示すことです。もっと自由に書くことをお勧めします。

10 内定先：**食品⑥**

大手ビールメーカー。新商品で販売競争を
仕掛け、勝ち残ったことで有名です。

学科：経営学科
希望職種：営業・開発

あなたが「当社で実現したいことは」は何ですか？

業界首位レベルの貴社で縁の下の力持ち的存在になりたい。<u>自分も含めて働きやすい環境を整備する。</u>

<u>可能なら将来、営業の経験を積んでから、クライアントの声も取り入れた商品開発を担当したい。</u>

過日、NHKの番組で玩具メーカーの商品開発担当者が「遊び心が必要だ。遊び心が大事」と強調していた。飲み屋で収録した番組なので本音が出ていた。

あなたが思う「高い成果を出す為にチームワークに必要な要素」は何だと思いますか？

自由に発言を許す雰囲気だ。どんな発言をしても「非常識」「バカバカしい」と言われない。とくに、新鮮な発想を求める会議などでは、その雰囲気が大事だと思う。

あなたにとっての「モチベーションの源泉」は何ですか？

アメリカの心理学者であるマクレランドなどの理論を少し大学で学んで思ったことで、私は「おいしいものを食べたい、飲みたい」という欲求をとくに大事にしたい。

●自己分析について

　「当社で実現したいこと」などは、エントリーシートでよく見られる質問です。これらの質問を想定しながら中学、高校での体験などを書く（自分史年表を作成する）と、実践的な自己分析ができます。そこから応用していくと良いエントリーシートができるでしょう。

　エントリーシートで「よくある質問」は、4章で実例を紹介していますので、考えるときの参考にしてください。

●エントリーシートについて

　チームワークの設問は大学のゼミやサークルだけでなく学外活動などをフルに思い出して、そこから書いていくと他の学生と違って差別化ができるでしょう。

> **アドバイス**

　この会社のエントリーシートも設問が3つで書きやすいです。応募のハードルが低いので、内容には自己分析からの昔の思い出をからめて書き込み、他の人との差別化を図る必要があります。

　モチベーションについての設問は珍しいですが、書くことは簡単なので、よく考えましょう。学者への言及は不要だと思います。

11 内定先：不動産①

大型のショッピングセンターや東京・八重洲などのオフィスビル、レジャー施設、リゾート施設などを展開する最大手です。

学科：外国語学科
希望職種：事務系

> 1. あなたが当社を志望する理由について、お書きください。

新しいオフィスを求めたり商業施設を希望したりする企業や、よりよい自宅を求める個人に夢を与えられる仕事だから。Ｔ○Ｌ（東京○○○○○）はその典型例だと思う。

> 2. 今までの体験から、あなた自身が社会に出て仕事をするうえで大切にしたい価値観について、ご自由にお書きください。

多くの人とコミュニケーションを取ることだ。その1つに語学がある。外国人とのコミュニケーション能力も大切だと思う。

> 3. 今のあなたを形成するうえでの重要な経験（競ったこと、失敗したこと、成功したことなど）についてお伺いします。経験の詳細・経緯、またその経験が、今のあなたにどうつながっているのかをお書きください。
> 3-1 大学入学までの経験の詳細と、その経験が今のあなたにどうつながっているのかをお書きください。

高校はふつうの県立高校で、部活は美術部だった。花の写生でよく近くの山に登った。大学は外国語学科を選んだ。国立大学だが、必須の入試科目に数学がなかった。

> 3-2 大学・大学院の学生生活での経験の詳細と、その経験が今のあなたにどうつながっているのかを2つお書きください。

１つ目：アラビア語の修得。ペルシャ系の文字で最初、何となくわかったのは数字ぐらいだった。その修得で苦労したが、交換留学で来ていたモハメッドと日本で親しくなった。

　２つ目：ドバイの大学に交換留学で行った。日本人などアジア系は少なく、インド人が多かった。かれらの積極性に影響を受けて、自分も積極的に行動したり、発言したりするようになった。

> ### ４．自分の個性を強烈にＰＲするキャッチフレーズをつけてください。

　何でも「ダメもと」でアタックする。

> ### ５.４でのキャッチフレーズの補足文章をお書きください。

　留学先で、男子学生が好みの外国人女性をみると積極的に話しかけていた。もちろん、99％は相手にもされない。それでもしつこいぐらいアタックしていく。行為自体は褒められたものではないかもしれないが、「ダメもと」でも食らいついていく精神は見習って、ビジネスで生かしたい。

●自己分析・エントリーシートについて

　高校以前のネタが書かれていないので探しましょう。<u>外国語を学ぶことを決めた大きな理由がもっと幼少期にあるはずです</u>①。両親や祖父母など親戚に聞いてみましょう。

　外国語以外にもう１つ２つ特技がほしいところです。

> アドバイス

　マスコミ以外でキャッチフレーズを書かせる一般企業は少ないですが、自己ＰＲのようなものなので練習がてら考えておきましょう。

　志望理由はよくできています。この会社は東京駅の八重洲側の開発にも力を入れています。会社研究は自分で調べることも大切です。

12 内定先：**不動産②**

電鉄系の不動産会社では大手で、東京中心
部の開発のほか、海外にも広く展開してい
ます。

学科：商学科
希望職種：開発・営業

1．（動画30秒で）社会人になって成し遂げたいことを教えてください。

（概要）売り上げを倍増させたい。渋谷地区だけでなく電鉄沿線の再開発で地域に貢献したいとプレゼン。

2．あなたがこれまでに経験した最も困難な状況を教えてください。

旅行先のベトナム・ホーチミンで強盗にあって、高級一眼レフカメラを奪われた。

3．新規事業について：当社だからできる新規事業を検討してください。

電鉄沿線を高級ブティック街にする。

そのために、学生や若い世代に商店を提供して週替わりで商品を売ってもらい、沿線の街を活性化させる。

4．印象に残っている弊社社員を教えてください。（任意回答）

Aさんです。OG訪問でお世話になりました。

5．4の理由を記載してください。（任意回答）

明るいのでびっくりした。こういう人が街の再開発などを手がけたら賛同してくれる人が集まり、プロジェクトが推進すると思った。

●自己分析について

　自己分析を幼少期からしておくと、ベトナムでの災難以外も出て
①
くるでしょう。

　今の自分のプラス面にどう影響を与えているのかを徹底して自己
分析してみましょう。

●エントリーシートについて

　テレビ局、とくに民放のキー局以外で動画を求めてくるのは珍し
いパターンです。最近は一般企業でも数は少ないですが課されるこ
とがあります。民放の採用の本番は３年の秋なので経験がてら受け
てみるのも良いかもしれません。

　立った状態で、背景は白っぽい壁を選びます。タイマーも用意し
ます。自分で自分を撮影するのは難しいので、できれば家族や就活
仲間に手伝ってもらうとよいでしょう（P.60参照）。

　志望先企業の新規事業はホームページやＯＢ・ＯＧ訪問で確認し
ておきましょう。東洋経済新報社の『会社四季報 業界地図』をよ
く見ると、この会社の不動産仲介やマンション管理も業界３位前後
で、グループでは大きい事業だとわかります。

アドバイス

　この会社のような大手ばかりでなく、中堅の不動産会社も人気が
ありますが、大手よりは競争率は下がります。その分、狙い目です
ので、ＯＢ・ＯＧ訪問で他社のこともいろいろ聞いておきます。『会
社四季報』などで調べるのもよいでしょう。

13 内定先：不動産③

東京中心部で高層ビルの開発・運営を行い、
市街地の再開発事業も手掛けています。

学科：経済学科
希望職種：開発・営業

> 設問1. あなたはどんな人ですか？また、あなたを知る上で欠かせない、これまでの経験や具体的なエピソードを教えてください（学業についてお願いします）。

タイトル

おせっかい

経験や具体的なエピソード

　大学ではフィールドワークのゼミに所属していて、何をやるかは自由だった。それで、私は近所の子ども食堂のボランティアをやった。小学生相手は体力がいるので大変だった。腹立たしいこともあったが、おせっかいな私は次第に中心メンバーの1人になって食材集めをするようになった。子どもを食堂に預けて自分は働いている親が多いことを知った。

> 設問2. あなたについてもっと知りたいので、設問1と異なる経験や具体的なエピソードを教えてください（学業以外でも可能）。

タイトル

ラーメンフリーク

経験や具体的なエピソード

　私は中学時代に学校の寮で暮らしていた。食事が足りなかった。いつも夜に辛いラーメンを外で食べていた。外食に飽きたので、高校になって自宅に戻ってからは自作の辛いラーメンを作った。試してみたら、豆腐や納豆、マヨネーズなどとの相性も良い。このチャレンジ精神は貴社でも役立つと思う。

設問３．あなたが当社に興味を持ち、働きたいと思う理由を教えてください。ご自身の経験やエピソードを交えて書いても可能ですし、具体的なプロジェクトにフォーカスして書いていただいてもかまいません。

タイトル

ジブリなどのレジャーランドなどの施設にも事業の幅を広げる

経験や具体的なエピソード

六本木ヒルズはかつて大流行して「ヒルズ族」の言葉も生まれた。都心の再開発も大切だが、注目を集める施設、とくに子どもが遊ぶレジャーランドなどに事業を広げたい。子ども食堂でのボランティアで、この子たちは広い意味で将来の顧客になると思った。

●自己分析について

①子ども食堂のボランティアはとても評価が高くなるでしょう。それをする原点、きっかけとなる出来事を昔に遡って自己分析すると良いでしょう。中学生のときの寮生活も、もっと自己分析すると将来の仕事について動機などの面でつながるでしょう。

●エントリーシートについて

この会社のエントリーシートは少しユニークです。タイトルをわざわざ学生につけさせています。これはマスコミで多く見られる手法です。面接官が学生の自己表現力を試しているようです。

また、エントリーシートに具体性を求めているので、書くときは数字や固有名詞を入れるなどして工夫することをお勧めします。

アドバイス

面白いと思います。経営者になったつもりで、アイデアを出しているようです。都市開発や住宅開発は夢を売る仕事です。

14 内定先：**不動産④**

大手証券会社の系列です。オフィスビル
や商業施設、高級分譲マンションなどを
手がけています。

学科：地域制作学科
希望職種：開発・営業

> **設問1.　自分なりに「チャレンジング目標」を立てて何かに
> 取り組んだ経験、その目標を立てた背景を教えてく
> ださい。**

　交通政策のゼミで、私は赤字で廃線対象の鉄道の現地調査をした。
都市部には新線の調査の予算がつけられているが、赤字線は次々と
廃止されている。都心部の黒字や新幹線の黒字を赤字線に投入して
廃線を防ぐという案を討議した。

　背景は、地方出身者のゼミ生が過疎対策を訴えていたため。

> **設問2.　周囲と協力して集団で課題に取り組んだ経験につい
> て、自らの意志で担った役割とその取り組み内容や
> 集団に与えた影響を具体的に教えてください。**

　ゼミで、他大学の同じ内容のゼミと合同合宿をした。内容を詰め
たことや、テーマに統一性を持たせるために苦労した。交渉役はゼ
ミ長だった。私はみんなの意見や不満を集めて報告した。意外にみ
んなの意見が違うのがわかった。

　会って話をしたり、LINEでチャットしたりすることを細かく
行い、好評だった。

> **設問3.　あなたが就職活動および、今後働くうえで
> 大切にしている軸について教えてください。**

　父との会話だ。父は脱サラして小さい製菓メーカーを作った。そ

の苦労話をいつも聞かされていた。就職活動では、父と会話しながらアドバイスをもらっている。父は会社業績によって乗っている車が赤いフェラーリだったり、白い国産の軽貨物車だったりする。父のクルマを見ると景気の善し悪しがわかる。私は自営業になるつもりはない。でも責任をもって仕事を、できれば好きな仕事を自分の人生でやっていきたい。

> 設問４. 自己ＰＲ動画：１分程度でご自身の自己ＰＲを
>   自由に表現してください。
>
> （概要）同社が手がけたオフィスビルの前に立ち、大きな声で「自分も地図に残る仕事をしたい！」と叫んでいるのが中心の動画。

●自己分析について

　家族は自己分析の原点の１つです。エントリーシートにも書いて、その後の面接、とくに最終面接で話してアピールすると良いでしょう。家族との会話を思い出して自己分析しましょう。

●エントリーシートについて

　「集団」という文字がこの会社のエントリーシートで使われています。

　団体行動、組織などを重視する企業なのでしょう。集団の中でのあなたの役割を再度確認しておくと、他の企業でも使えます。

アドバイス

　この会社は大手証券会社系の不動産会社です。親会社が筋金入りの成果主義なので、この会社にもその影響があるようです。チームワークを重視しているので、それが苦手な方は注意しましょう。

15 内定先：鉄道①

大阪市とその周辺部で地下鉄などを運営する鉄軌道事業者です。市交通局の民営化でその事業を継承しました。

学科：経営学科
希望職種：総合

設問1．当社の総合職を志望した理由を教えてください。

大阪の大動脈で、市民生活を支える仕事で誇りを持ちたいから。

設問2．入社後、どのような業務でどのように活躍していきたいですか。また、その業務に携わる際に、ご自身の専門や保有スキルをどのように活かせると考えますか。

　入社後はどの部門でもよいのだが、できれば沿線開発や○○急行との連携部門で、今後の利用客増加に対応していきたい。

　また、得意な英語力を生かして外国人の乗客への対応をより親切にして、大阪のイメージをアップさせたい。

設問3．あなたが考えるリーダーシップの定義を示し、大学時代においてリーダーシップを発揮した経験を教えてください。

　司馬遼太郎の『峠』の主人公である河井継之助のイメージが、私
①
は強いリーダーシップだと思う。

　ゴミ拾いのボランティアサークルでは中心的役割を果たした。場所は北摂全域だ。新人の勧誘だけでなく、つねに意義も確認するようにした。

設問4．あなたを教えてください。

　楽天的だ。体力の維持に気をつけている。週に水泳1kmと自宅近
②
所のランニングを10km、ゆっくり行っている。

●自己分析について

　設問４の自己紹介のところで、過去の自分を振り返ってなぜそうなったのか(楽天的は生まれつき？　なぜ、体力の維持に気をつけるようになったのか)まで自己分析して書くことができれば、なお良いでしょう。採用担当者にあなたの「人となり」がよく伝わりやすくなります。

●エントリーシートについて

　奇をてらわない普通のエントリーシートなので、正直に素直に書けばよいと思います。

　気になるのは、この会社での採用実績です。

　それを知るためにはＯＢ・ＯＧ訪問をして、「大阪府以外でも採用しているのか」など、どこの出身者が多いのかを分析すると良いでしょう。

アドバイス

　強いリーダーシップがあると思う人物として河井継之助を挙げているのは、インパクトがあります。とくに最終面接官の多くは中高年なので、小説『峠』(新潮文庫)を読んでいる可能性が高く、話のきっかけになります。司馬遼太郎氏はこの企業がある大阪市出身なので、とくにお勧めです。

16 内定先：鉄道②

大阪南部と和歌山を結ぶ鉄道事業者です。
沿線の開発に取り組んでいます。

学科：先端科学科
希望職種：技術系

設問1．ゼミ・研究室での研究テーマおよび卒論、修論のテーマを教えてください。

リチウムイオン電池に使われる物質の研究。
①

設問2．学生時代に力を入れたことを教えてください。

スノーボード愛好会というサークル。活動そのものにも力を入れたが、新入生勧誘で「説得」の面白さを知った。前年度の2倍の6人を入会させることができた。

設問3．自分の武器とそれをどう業務に活かすことができるかを教えてください。

どんな相手でも冷静に観察、判断できること。

スノーボードの練習によって、スピード感や、急斜面を下るときに感じる「G」の中でも冷静にその場の状況を観察し、次の動作を的確に判断する力を鍛えることができた。

この「G」の感覚はジェットコースターに乗っているときのいわゆる「数Gの大きさで加速される」体感と同じだった。

設問4．当社を志望する理由を教えてください。

近くで育ったので親しみがある。
②
とくに、貴社の車両が好きだ。『じゃりン子チエ』の舞台の萩ノ

茶屋駅の雰囲気が何ともいえない。

　ICOCAのような交通系だけでなく、クレジットカードでも乗れるようにするなど先進的なところも良い。

●自己分析について

　「近くで育ったので親しみがある」も良いのですが、複数人の志望者が同じ理由を書いてきそうです。幼いときのエピソードも交えられるように工夫しましょう。とくに志望理由には、そのエピソードを入れると効果的です。

　なぜ大学で理系の学部を選んだのか自己分析をすると、過去と現在がつながるでしょう。

●エントリーシートについて

　リチウムイオン電池のどの部分の研究をしているのかを書くとなお良いでしょう。たとえば「安全な使用に不可欠な絶縁体の部分の素材について研究している」など、文系学部出身の採用担当者にもわかりやすいように。

アドバイス

　比較的路線距離の短い私鉄です。沿線開発などについても言及しましょう。

　また、この企業は職員の数も少ないので、「一緒に働きたい」と思わせるような人柄のアピールも必要です。

　海外、とくに韓国ではクレジットカードで支払いができる鉄道が多いようです。ＯＢ・ＯＧ訪問が可能なら、鉄道でのクレジットカード決済の難しさを尋ねておくと良いでしょう。

内定先：鉄道③

大阪・京都・奈良・三重・愛知にまたがる
広域に路線を持つ鉄道事業者です。

学科：工学科
希望職種：技術系

設問1．自身の特徴（性格や人柄・大切にしていることなど）を教えてください。

　大学の工学部の研究室は男性が多く、女性には些細な面でも不便なことが多い。そこで、女性にもストレスなく研究できる環境を維持してきていること。これには、教授や男性の先輩の協力が不可欠であった。

設問2．あなたの趣味・特技を教えてください。

　ぬか漬けを家で作っている。母にも協力してもらっている。父にもビールのつまみとして食べて味の感想を細かく言ってもらう。家族の団らんにもつながる。

設問3．免許・資格があれば書いてください。

● 普通自動車第一種運転免許（ＡＴ限定）
● 世界遺産検定2級

設問4．当社を志望した理由を具体的に記入してください。

　日本最長路線の私鉄の従業員として活躍できる。自宅近くを通っている私鉄よりも経営がうまいと感じている。また、全席有料の特急のデザインが好きだ。
　　　　　　　　　　　　　　　　　　　　①

設問5. 当社に入社後、発揮できるあなたのキャリアを
イメージし、自由に記入してください。

　将来、ハイブリッド動力の電車が普及したときに、その周辺技術
を担当していることを思い描いている。

●自己分析について

　鉄道と結びつく過去のエピソードを探してみましょう。志望理由
には、動機付けが大切です。有料特急のエピソードだけでは弱いで
しょう。

●エントリーシートについて

　設問がシンプルなので書きやすいですが、逆に見ると、それだけ
エントリーシートの応募がしやすく、多数のエントリーシートの中
に紛れやすくなるので、注意しましょう。

　鉄道会社を志望しているわけですから、ことさらに鉄道ファンで
あることを強調する必要はないでしょう。女性なら車掌や運転士な
どまだまだ男性が多い部門へのチャレンジは「あり」です。

アドバイス

　この会社には「鉄道職」という独特のカテゴリーがあり、その中
には車掌・運転士などの乗務員や駅の係員と技術系の仕事が含まれ
るようです。入社してどの仕事をやりたいかを設問5のキャリアイ
メージで書かせています。

18 内定先：鉄道④

福岡県内に路線を持つ鉄道事業者です。不動産、レジャー、バスの運営なども行っています。

学科：工学科
希望職種：事務

設問1. 学生時代がんばったことを教えてください。

　野球同好会、ポジションはキャッチャー。他大学のサークルとの交流戦に力を入れた。マネージャーも新歓活動で積極的に勧誘した。
＊志望理由および取り組みたいこと
　地域のみなさんの役に立てる仕事だと思う。バス路線やバスの車両数は日本でも最大級だと聞いている。事務職で鉄道のダイアグラムを作ってみたい。

設問2. 自己PR（強み、得意とするもの）をしてください。

　中高から大学まで続けた硬式野球（大学はアルバイトが忙しかったのでサークル）で培った、チームをまとめる力がある。

●自己分析・エントリーシートについて

　小学校まで遡って、誰に野球を教えてもらったのかを自己分析すると話が広がります。

　公共交通機関との思い出も自己分析しましょう。

　野球を「する」だけでなく、プロ野球や高校野球の観戦についても自己PRに加えると、面接官との話題につながります。

アドバイス

　私鉄に限らず乗り物の仕事は時間厳守できるかが採用の絶対条件になります。設問の1、2の両方で時間厳守の性格をエピソードを交えて控えめに自己アピールしましょう。

19 内定先：鉄道⑤

民営化に伴い、発足した鉄道事業者です。
東北〜関東甲信越を中心に路線を持っています。

学科：経済学科
希望職種：エリア職

> 設問. あなたは当社でどのようなことに挑戦したいですか。
> 具体的な内容とそれを実現するためのあなたならでは
> の強みを、今までの経験を踏まえて教えてください。

　大学のスカッシュサークルで会計や合宿の幹事をやっていた。私の強みは細かい仕事ができることだ。また、サークル費の集金や督促もねばりで100％集金を目指していた。貴社では駅の管理業務の効率化を進めてきたい。
①

●自己分析について

　鉄道とあなたとの絡みを自己分析しましょう。人気の一角である
①
航空鉄道と他業種とで、大きく違うのが「公共性」です。実質、国土交通省の認可事業です。そこをどう表現するのかを考えましょう。

●エントリーシートについて

　設問は1つだけなので、エントリーシートを提出しやすいです。それだけ書類選考や面接選考は倍率が高いと思われます。

アドバイス

　この会社の採用は総合職とエリア職に分かれます。エリア職は2種類です。東北と関東・甲信越です。自分の将来設計を考えてエントリーシートを出しましょう。地元で働きたい気持ちが強いなら、エントリーシートの提出はOB・OG訪問して意見を聞いて、考えてみましょう。

20 内定先：鉄道⑥

東京、神奈川に路線を持つ鉄道事業者です。
不動産、バス事業なども展開しています。

学科：情報学科
希望職種：総合職

設問1. 大学時代に最も力を入れて取り組んでいた事柄・経験を教えてください。その中でとくに問題と感じたことと、あなたがどう対応したかを具体的に説明してください。

　学園祭実行委員会。お祭りが好きな自分の個性を生かせるサークルを選んだ。役割は出店の割り振りやイベントの管理、大学からの予算の管理などさまざまである。大学祭はいまや高校生やその親相手が主流で、一種のオープン・キャンパスの役割を果たしている。大学当局からの注文も多く、それにどう対処するか仲間と話し合って解決して行った。とくにアルコールの持ち込みはやっかいな問題で、学内だけでなく大学と隣接する道路などでのアルコールを伴う飲食をどこまでの区域で規制するのかが大変だった。

設問2. 設問1以外であなたが当社で提供したい価値とそれを実現するためにやりたいことを教えてください。

　1つは、有料特急の本数の増加や時間の延長を考えていきたい。
　2つは、沿線の駅前の環境整備だ。住んでいて良かったと住民のみなさん（そのまま鉄道利用客）に言われるような街にしたい。

設問3. 自身の強みがわかるようにあなたらしさを自由にPRした動画を提出してください。

（概要）特急の前で入社への決意を語る。

●自己分析について

　あなたが転勤族の家庭で育ったのなら、幼少期からの思い出をメモに書き出しておきましょう。

　転勤族ではなく、同じ地域で育ったのなら、お祭りなどのエピソードを思い出したいところです。

　このエントリーシートにそれを問う直接的な設問はありませんが、鉄道航空への志望動機は、幼少期からの思い出につながるケースがよくあります。

●エントリーシートについて

　動画の提出がある場合は、先に制作してしまいましょう。これを課しているのは、今のところ東急不動産、野村不動産、メーカーのキーエンスなど数えるほどしかありません。

　とくに強く志望しないのであれば、動画制作は面倒なので、それを課す企業を避けるのも一案です。この企業は人気の一角で、かつ総合職での採用は少人数です。

　設問２で仕事やサービスとは言わずに「価値」と難しく表現していますが、やさしくいうと「入社後に何をやりたいのか」ということです。自己分析を含めて考えておきましょう。

アドバイス

　ＯＢ・ＯＧ訪問に尽きると思います。動画は単に応募者を減らす目的かもしれません。大学のキャリアセンターでダメならゼミやサークル、さらに高校のＯＢ・ＯＧ会などに当たってみましょう。

21 内定先：航空①

国内線・国際線を運営する航空会社です。
イメージカラーはブルーです。

学科：理工学部
希望職種：パイロット

設問1． なぜあなたはパイロットを志望するのですか？

①責任の重さに魅力を感じる。また、社会的地位も高いし、国際的な職種だと思う。詳しく調べたわけではないが、他国の航空会社では外国人でも採用すると聞いている。

設問2． あなたがこれまでの人生の中で達成感、充実感を感じたことは何ですか？

2級ボート、水上オートバイの免許を持っていて、運転すると自転車や自動車以上に自由さ、充実感を覚える。航空機は3次元的に進むので、より魅力的ではあるが、乗客のみなさんにも安心して楽しんでもらうことへの重責がある。

●自己分析・エントリーシートについて

パイロットのエントリーシートは同じようなものが多いと思います。個性的な内容を書くためにも、もっと過去に遡って自己分析をしてもよいでしょう。

①記入欄が少ないので、自己分析を小学生まで遡って動機づけしましょう。フジテレビ系で2013年に放送されたドラマ『ミス・パイロット』はこの企業が撮影協力した番組です。見ておきましょう。

アドバイス

人気職種です。語学力、人柄だけでなく、体力なども十分にアピールしましょう。

22 内定先：航空②

日本の航空会社で、イメージカラーの1つは赤です。

学科：文学部
希望職種：パイロット

設問1．パイロットを目指す理由と仕事を通じて実現したいことを教えてください。

私は九州出身なので飛行機で関東から帰省することが多い。ＬＣＣを含めて6、7社の航空会社に乗ったが、離着陸時の操縦など、貴社が一番良かった。貴社のパイロットになれたら、乗客に安心してもらえるブランドを育てたい。

設問2．学生時代にあなたに大きな影響を与えた出来事を詳しく教えてください。

ＪＲの青春18きっぷで関東から1泊2日で帰省したことがある。途中、スマートフォンを紛失したハプニングがあった。そのとき、逆にスマートフォンが無いことで、心の安らぎを感じた。スマートフォンで調べられないので、隣の乗客に「大阪まではあとどれぐらいですか」と話しかけた。それをきっかけに土地や風土のことなども知ることができた。

設問3．あなたにとって理想の社会人とはどのような人ですか

ストレスを与えない、ストレスを感じない。そういう生き方ができる器用な人。パイロットは、かかるストレスがとても大きいと聞いている。

> 設問4．あなたが一番輝いている写真を1枚添付してください。写真の説明文を書いてください。

〔ビーチでの1ショット〕 昨年、沖縄の海に仲間と行った時に撮影した写真だ。関東から約3時間で宮古島に到着した。そのときの海の色に感激した。

●自己分析について

小学生まで振り返り、家族や親戚にも尋ねて昔の写真を集めてみましょう。そうすると、設問4の「あなたが一番輝いている写真」もオリジナルなものにできるはずです。それが他の人との差別化につながります。

●エントリーシートについて

青春18きっぷのネタはうまく書かないと、1次のオンライン面接などで、それを利用したことがない若い面接官の共感を得られないかもしれません。その点に気をつけてください。

アドバイス

エントリーシート選考での倍率が、大手出版社並みに非常に高い職種です。この企業が第一志望群であるなら、時間をかけて文章を作成し、それを仲間にも批評してもらいましょう。空の魅力を訴えるのがポイントの1つです。

23 内定先：航空③

21と同じ会社の客室乗務職用のエントリーシートです。

学科：文学科
希望職種：客室乗務職

設問1．ゼミ・論文（研究）のテーマを教えてください。

日本文学（近代文学）、卒論は夏目漱石の予定。

設問2．あなたの趣味・特技を教えてください。

- 日本語検定2級
- TOEIC®L&Rテスト　スコア870点

設問3．あなたの持つ個性や強みは何ですか？　それは
どのように当社の客室乗務職に活かせますか？
また、個性や強みがわかる写真をアップロードし、
その写真を選んだ理由も一緒に教えてください。

〔カンボジアで小学校の校舎を建てるプロジェクトに参加してい①たときの写真、現地の子どもたちと写っている〕

　赤いシャツに青のパンツが私です。

　どこへでも飛び込んでいける精神や、海外でも外国人と無理なく会話ができることが、私の個性だと思う。

設問4．これからの時代に求められる当社の客室乗務員とは
何だと思いますか？　自由に表現してください。

　インバウンドでますます増える外国からの観光客に、最初に接するのが客室乗務員だと思う。その外国人のお客様からすると最初に接する日本人かもしれない。それを意識して仕事をしたい。

●自己分析について

　なぜカンボジアで小学校を建てる事業に参加したのか、その原点を小学生ぐらいまで遡って自己分析してみましょう。カンボジアへの思い？　別の国も候補にあった？　なぜ小学校の校舎？　そもそもいつから考え始めた？　など話はさまざまにふくらみます。そうするとユニークな海外体験を持つあなたの原点が見えてきて、エントリーシートもより説得力あるものになるでしょう。

●エントリーシートについて

　当然、写真の出来がポイントになります。

　この例のように「一発で個性がわかる写真」を用意しましょう。そのためには祖父母や親戚、友人に写真がないかを聞いて探すことです。

　また、客室乗務員を目指す専門学校に通う友人がいるなら話を聞きましょう。ＯＢ・ＯＧ訪問も重要です。ＯＢ・ＯＧは可能なら大学のキャリアセンターで紹介してもらいましょう。

アドバイス

　書いた人の人柄がすぐにわかる良いエントリーシートです。

　最終面接に進んだときに、役員から「あ、カンボジアの小学校の」と思い出してもらえる可能性が高いインパクトがあります。

24 内定先：航空④

22と同じ会社の客室乗務職用のエント
リーシートです。

学科：人文学科
希望職種：客室乗務職

設問１．当社の客室乗務員として、
どのような「新しい価値」を生み出したいですか。

　飛行機内は、携帯電話が鳴らないので安心して休める空間だ。たいていの客は寝ている。ボーイング787-8やエアバスA350-900には国際線並みの映画などを楽しめるモニターもある。ファーストクラスやビジネスシートは料金が高いが、座席が広く、落ち着ける。東海道新幹線のような、振り子のような揺れがない。さらに客室乗務員の笑顔だ。ＬＣＣのような若い常務員のいる航空会社と違って落ち着ける。

　これらを徹底すれば、よりビジネス客を引きつけられると思う(飛行機をよく使う会社員の父の意見を参考にしました)。

設問２．あなたを漢字一文字で表現してください。
また、その理由を教えてください。

（漢字一文字）

「攻」

（その理由）

　つねに攻めるという精神で、ゼミやサークルで活動してきた。ビジネスの世界に入っても、新しいアイデアや工夫で質の高い移動手段としての航空機サービスを提供したい。

●自己分析について

エントリーシートの設問が２つしかない中で、自己分析をした結果を交えることはなかなか難しいのですが、面接の中では十分に話ができる時間があるでしょう。

次のステップである面接を見据えて「なぜ飛行機なのか」を子どものころからの体験で考えておきましょう。

●エントリーシートについて

この学生のように、ファーストクラスやビジネスシートの利用経験①がない場合は、父母や親戚でよく使う人を見つけてインタビューすることが、他との差別化につながります。

アドバイス

たった２つの設問しかなく、同業他社のように「一発で個性がわかる」写真説明も課されていないので、エントリーシートに重点を置いているわけではないようです。記念受験する人も多い、人気の職種です。「企業側はとりあえず志望者数を絞り込むためにエントリーシートを課しておいた」ものと考えておいて良いでしょう。

その先の面接選考では、予想外の質問にも答えられるように想定問答集を用意しておきましょう。

25 内定先：航空⑤

21・23と同じ企業のグローバルスタッフ
（事務）職用のエントリーシートです。

学科：美術学科
希望職種：事務

> ## 設問１．グローバルスタッフ職（事務）として活かすことがで
> きると思うあなたの経験や強みを教えてください。

　大学では美術文化財の保管維持について学んだ。国宝や重要文化
財の修復も含めて文化庁の担当者を招いて講義や講演を企画した。
また、上野の国立西洋美術館、東京国立博物館の学芸員の方に話を
伺ったこともある。

> ## 設問２．あなた自身について紹介してください。
> あなたらしさがわかる写真をアップロードし、
> その写真を選んだ理由も教えてください。

（写真）

「パリのオルセー美術館の前での記念写真」
①
（選んだ理由）

　美術品の移送は船便ではなく航空便を使う。直接的な担当は日本
通運などの専門スタッフだが、航空会社にも責任者や専門家がいれ
ばなお良いと考えた。

●自己分析について

　子どもの頃に飛行機に乗った体験を覚えていれば、それが志望動
機の原点になるでしょう。自己分析として、両親や親戚などに聞い
てみましょう。

●エントリーシートについて

　写真をどう扱うかがポイントでしょう。この場合は大学の勉強を兼ねて海外の美術館に行き、その前で記念撮影した1枚を選んでいます。

　なるべく早期からの就活の準備の中でこのような写真や動画でのアピールについて研究するのも良いでしょう。

アドバイス

　この企業もかなり人気があり、エントリーシート選考、面接選考の通過の倍率はいつも高いです。

　無難な自分ではなく、尖った自分をアピールしてみるのも良いでしょう。

客室乗務員と同様に記念受験する人も多い人気の職種です。本気で目指す人は自己アピールの方法を工夫しましょう。

26 内定先：航空⑥

22・24と同じ企業の地上職事務系用の
エントリーシートです。

学科：社会心理学科
希望職種：地上職事務系

設問1．ゼミや研究室について、ご自身の取り組みの概要や成果を教えてください。

　ゼミでは社会学、とくに社会心理学を研究した。社会的なパニックなどの群衆心理がテーマだ。最近では韓国の梨泰院（イテウォン）での将棋倒しがどう発生したのかを学んだ。日本でも明石市の花火大会での将棋倒しがある。

　警備はもちろんだが、そこに人が集中しないような情報（広報含む）の操作や規制が大切だと感じた。

設問2．大会出場や賞罰の経験がある場合、教えてください。

● 高校2年生のときに水泳の平泳ぎで県大会7位。
● 賞罰はなし。

設問3．あなたの強みや長所などを具体的なエピソードを交えて教えてください。

　高校生のときに、遭難した。遭難と言っても仲間で行ける程度の山登りだが。道を誤ってしまったのだが「迷ったら尾根に出ろ」という山のルールというかことわざを守って行動したら助かった。

　いざというときに、冷静な判断ができることが自分の長所だ。

> **設問4．入社後実現したいこと、それに向けてご自身の強みをどう生かしたいか教えてください。**

　企画部門などに行って、広報戦略や「ミステリーツアー」のようなテレビのニュースになるような楽しい企画を考えたい。

　自分の強みとしては、大学時代に海外旅行研究会に所属して、無人島体験などを経験した。

●自己分析について

　山登りが好きなようです。山登りが好きになるきっかけは、幼い頃に祖父母や父母に連れられて山登りをした体験があったということが多く見受けられます。動機づけとして使える体験なので、自分史年表をつくり、じっくり自己分析しましょう。

●エントリーシートについて

　ごく普通のタイプのエントリーシートです。書きやすいですが、他の人との差別化は難しいタイプです。友人や両親、兄や姉に見てもらうと良いでしょう。

アドバイス

　このエントリーシートの設問はどの会社でも見られるようなものなので、1つ「鉄板」の回答例を作っておくと使い回せます。

27 内定先：**メーカー①**

数年連続で販売台数トップを誇る、国内大
手の自動車メーカーです。

学科：英米文学科
希望職種：事務

設問1．これまでにチーム・仲間と協力して取り組んだことに具体的に教えてください。

　小学生の頃から踊りが好きで、自宅の近所や祖父母の住む富山の行事「おわら風の盆」にも高校生まで毎年「帰省」して姉や母と踊った。大学時代はよさこい踊りのサークルに所属してきた。北海道や高知での全国大会に参加した。

　踊りはチームワークがないと統一した動きにならない。時間をみてはアーティスティックスイミングをみんなで見に行き、息を合わせた演技を参考にした。

設問2．これまでに最も力を入れて取り組んできたことについて具体的に教えてください。

　趣味としては、いろいろな地方の盆踊りなどで、一般も参加可能のものを探した。

　ゼミは英文学で、サマセット・モームなど近代から現代の作品を研究した。日本で比較的入手可能なコナン・ドイルも英文で読む訓練を教授から課された。卒論は「英国の交通機関の発達と文学」だ。

設問3．身近な人からどのような人だと言われていますか。

　明るい性格の人、八方美人

設問4．設問3の理由を教えてください。

　ストレスが溜まるとカラオケやランニング、水泳や友人との長電話で発散するようにしている。

苦手な相手に対しては、標準語でほめまくるという手を使い、ごまかす。なので、基本的には誰とでもうまく付き合える。

設問5．仕事をするうえで大切にしたい価値観や求める働き方・職場風土は何ですか。

大切にしたい職場風土は静かな職場。上司や先輩の思考や電話を妨げない。職場を出て社員食堂や会社の近所のレストランやカフェでは大声で自由な話をする。同僚と上司の悪口もそのときにする。

メリハリの効いた環境でこそ作業効率や営業成績が上がる。

設問6．当社でやりたいこと、それに繋(つな)がる強み・能力・経験を教えてください。

営業支援のツール作成。販売店の従業員教育のための動画、とくに若い人にはゲーム型、ビジュアルなアプリを作る。踊りを覚えるには手や足の動きの修得が基本だが、それにはリズムが大切だ。サークルでの新人教育に動画や音楽を使った。

設問7．研究内容(学業に力を入れてきたこと)を教えてください。

英文学。原書で読む努力をしたが、会話は英検2級レベル。

設問8．苦労した点・工夫した点を教えてください。

スマホ用語などで使う、タップという英単語がある。それはもともとは「肩をたたく」ことを意味する。同じ表現、動作、言葉で多くのスラングがあり、それをいちいち学ぶのに苦労した。

●自己分析について

　自分の原点が田舎の祭りでの盆踊りにあることを自己分析しています。複数の盆踊りがあればそれを細かく書くと良いでしょう。この学生の原点になり、エントリーシートにもそれに関する持論が展開できます。

●エントリーシートについて

　最大手の日本を代表するメーカーの１つにしては比較的シンプルなエントリーシートです。逆に考えると、誰もが出しやすい、他の人との差別化を図りにくい構成になっているといえます。

　この企業より利益が少ないメーカーでも40歳時点での平均年収が750万円〜850万円の企業は多くあります。したがって、この企業はおそらく900万円以上はあると推測されます。

　最初からダメ元のつもりでエントリーシートを出すのも良いですが、せっかくの機会なので、この企業でエントリーシートの模範を完成させておくとよいでしょう。

アドバイス

　書いた学生がどのような人か、わかりやすい記述です。面接官は「あ、あの富山のおわらの風の…」と思い出してくれるでしょう。

　名前を覚えてもらうのは面接通過の基本です。エントリーシートで準備しておきましょう。

28 内定先：**メーカー②**

世界有数の総合電機メーカー。ITとインフラ技術を組み合わせた社会イノベーション事業を提唱・推進しています。

学科：経済学科
希望職種：事務

設問1. 希望職種・希望分野を選んだ理由をご入力ください。

人事、秘書室、広報、宣伝など、東京本社での仕事をしたい。

有名な「この木」のCMのような企業イメージをさらに向上させたい。

設問2. 「これまでの人生で、誰にも、ゆずれない、本気で取り組んだこと」をハッシュタグに添えて教えてください。

#ユーチューブおたく

#猫の動画で1日の締めくくりを

#ストレスフリーのためのリセット

#社員のストレスもアプリを作って、ストレスフリーの会社に

設問3. あなたの強み・弱みをハッシュタグに添えて教えてください。

#アイデアが次から次に生まれる

#クールな性格

#父がガミガミ屋だったのでストレスを減らす工夫をしてきた

設問4. 当社のフィールドを活用しどのように社会を変えたいか、あなたの想いや考えを教えてください。

環境にやさしい貴社の鉄道車両。家族で単身赴任の父をロンドンに訪ねたときに乗った。父が教えてくれた。環境にやさしい技術を広めて社会を変えていきたい。

●自己分析について

父親との関係について、設問3ではガミガミ屋でストレスのもと、設問4では「単身赴任の父を家族で訪ねて」「その父が貴社の鉄道車両の良さを教えてくれた」とあります。

昔のテレビドラマ『寺内貫太郎一家』（ＴＢＳ系、向田邦子、福田陽一郎脚本、小林亜星出演）ではありませんが、今どきガミガミおやじのお父さんは珍しいので、読み手（採用担当者）の目を引くかもしれません。それをもっと自己分析して、動機づけとしてエントリーシートに組み込むと良いでしょう。

●エントリーシートについて

この企業は、設問4で挙げた鉄道車両以外にも、家電や発電関連など100種類近い製品を作っているので、面接に進んだときのために東洋経済新報社の『会社四季報』や『会社四季報 業界地図』を参考にしておきましょう。

アドバイス

この企業では、大卒のキャリアは全国転勤かつ、最初の配属先（場所）での勤務が長いのが普通です。テニスと卓球を合わせたこの企業起源のスポーツもあり、事業所対抗の試合もあるなど、独特の社風があります。つまり「愛社精神」が強い企業の1つです。したがって、みなさんはミスマッチを起こさないよう、ＯＢ・ＯＧ訪問は必須です。

29 内定先：メーカー③

28と同じ企業の技術系用のエントリーシートです。

学科：航空宇宙工学科
希望職種：技術系

設問１．修士論文の内容を教えてください。

宇宙工学、ロケットなどの軌道の研究。中学生のときにアメリカの映画『October Sky（遠い空の向こうに）①』を見た。見たのは家族一緒だったと思うが、人工衛星の軌道に興味を持った。

設問２．自分のセールスポイントを教えてください。

ねばり強いこと。

設問３．今までに最も力を入れて取り組んだことを教えてください。

研究室以外ではマンガを読むこと。とくに少年マンガが好き。研究の合間のストレス解消にもなる。

設問４．当社への志望動機を教えてください。

将来の航空、宇宙分野への本格参入に役立ちたい。

設問５．デジタルを活用し、当社のビジネスにおいてどのような活躍をしたいですか。

人工知能の研究をしてみたい。今後さらに発展する分野だと思われるから。

●自己分析について

　ロケット好きな少年がＮＡＳＡの技術者になるという自伝的映画
『October Sky(遠い空の向こうに)』を中学生で見たことを自己分
析で思い出しています。それがエントリーシートで役立っています。

●エントリーシートについて

　「自分は何ができるのか」「何が好きなのか」「何をしていると楽
しいのか」をもっといろいろ思い出して自己アピールしておきま
しょう。

　この企業には「何でもやっている」というイメージがあります。
失敗・撤退したのは携帯電話ぐらいでしょうか。

アドバイス

　ともかくＯＢ・ＯＧ訪問をしましょう。P.124でも述べたように、
この企業には独特な人事ローテーションと社風があります。それを
知らずに入って、なじむことができなければ、ミスマッチで早期に
退社、ということになりかねません。

　理工系の場合は教授のコネがあったりしますが、それ以外の場合
は自分で情報を探るしかない場合が多いです。

30 内定先：**メーカー④**

オーディオやゲームなどの電気機器製造の
ほか、エンタメ、金融などを展開する世界
的な複合企業です。

学科：心理学科
希望職種：事務・営業

> 設問1．あなたが当社で取り組みたい内容について
> 記述してください。

映画やアニメショーンなどのコンテンツ事業。
画像処理技術を応用した内視鏡カメラなどの営業職。

> 設問2．最近注目しているプロダクト・サービスと
> その理由を記述してください。

画像処理技術。貴社のスマートフォンに搭載されている高性能カ
メラの画像処理技術は、世界中のスマートフォンで使われていると
聞く。それを医療機器に応用する営業をしたい。

> 設問3．卒論、修論や学科・専攻の授業の中で、最も力を入
> れて学んでいるテーマの概要を記述してください。

心理学。SNSのデマが人々や国家の政策に及ぼす影響について
の研究。

> 設問4．あなたが取り組んだ・取り組んでいることについて、
> 以下の6つのポイントを含めて記述してください。

ポイント1：きっかけ・背景

駅弁。両親の旅行好きに影響された。

ポイント2：設定したゴール

全国各地の50の駅弁を2年間で食べる。

ポイント3：体制・役割

休みを利用する。旅行には毎回、友人を変えて行った。あるいは

地方出身の学生と親しくなり、彼の友人の故郷に行った。

ポイント４：こだわったこと

現地で買ってすぐ食べる。デパートの駅弁フェアは利用しない。

ポイント５：結果・学んだこと

列車のスピード化や車内販売の休止などで意外と難しいこと。以前は岡山のアナゴ弁当を横浜あたりで新幹線の販売員さんに頼んだら、岡山駅で乗り込んだ販売員さんが席まで持ってきてくれた。それがなくなった。

ポイント６：学んだことを今後、どう活かすか

ライフスタイルが急速に変化している。技術の進歩だけでなく人間の行動パターンも変化している。

これはあることをきっかけに今後も大きく変わる可能性がある。それについていかないとビジネスも時代遅れになる。

●自己分析・エントリーシートについて

小学生以前からこの学生は両親と旅行していたと推測できます。それがエントリーシートに見事に反映されています。とくに便利だった車内販売の廃止などを知っているのはその典型です。

また、この企業の画像処理技術が医療機器の内視鏡カメラの４Ｋ技術につかわれていることなど、よく企業研究をしています。『会社四季報 業界地図』で企業名の索引でみるとどんな分野に進出しているのかがよくわかります。これはネットの検索をするだけや膨大な情報量のホームページでは学生には調べきれません。スマートフォンだけに頼るのはやめましょう。

アドバイス

一見、企業側のエントリーシートの設問から反れているような記述でも、この学生のように視点がしっかりして独自であれば自己アピールになります。

31 内定先：**メーカー⑤**

かつては家電を主力としていましたが、上場廃止後は、社会インフラを中心とする企業間取引事業が主に。

学科：人文学科
希望職種：事務

設問1．学生時代に力を入れて取り組んだことを教えてください。

オーケストラ部（管弦楽部）。集団で演奏できるのは楽しい。私のパートは、子どもの頃から習っていたバイオリンであった。

設問2．仕事をする上での夢や目標を教えてください。

①100の能力があるとしたら翌年は105の目標を設定して仕事をしたい。経理の仕事をやりたい。

設問3．当社を通じて自らが社会で実現したい事やビジョンを教えてください。

夢の持てる社会にしたい。

また、社会貢献できる事業を立ち上げ、発展させたい。

設問4．当社への志望動機をご記入ください。

オーケストラなどの社内の活動が充実していることも魅力的。落ち着いた社風で、私の大学のOB・OGも多い（社風については先輩方から聞いた）。家電で親しまれた貴社がエネルギーやインフラといったBtoB事業に舵を切ったニュースは子どもながらに驚いたが、今に続く着実な歩みのための正しい選択だと思う。

●自己分析について

　なぜ、いつからバイオリンを習っているのか、その辺のことを思い出しましょう。

　<u>経理志望についても「簿記を高校で習ったから」など細かく自己分析しましょう。</u>
①

●エントリーシートについて

　2023年4集 秋号の『会社四季報』には掲載されています。それ以降も『会社四季報　未上場会社版』などで調べられるでしょう。できるだけ情報収集はこうした専門雑誌で行ってください。ネットの情報は複雑かつ信頼できないものもあります。

アドバイス

　日本を代表する電機メーカーです。現在はBtoB（企業間取引）事業にシフトしています。白物家電事業、医療機器事業、映像事業、パソコン事業などに続き、主力だった半導体メモリ事業も売却しましたが、パワー半導体などで息を吹き返しています。長期的な視点でエントリーシートを書くようにしましょう。また、「内定すると両親や祖父母、親戚などが安心してくれる」ような企業にエントリーシートを出すのも就活の1つの考え方です。検討してみましょう。

32 内定先：**メーカー⑥**

空調機器と冷媒の両方を製造する、世界的
な空調総合メーカーです。

学科：数学科
希望職種：技術系

設問1． あなたがキャリアを通じて成し遂げたいこと・
目指す姿は何ですか。その実現のために、
当社でどんなことに挑戦したいですか。

環境にやさしい技術、とくに省エネ分野。

設問2． 学校で学んでいる研究テーマの概要をご入力くださ
い。学部生は「研究テーマについて（これから始め
る研究テーマについての方向性、課題、ポイントな
ど）」または「興味ある技術分野について（これから
始める研究分野と直結していなくても結構です。）」
のいずれかをご入力ください。

学科は数学科。

貴社のエアコンの海外事業に興味がある。

日本ではすでにエアコンは飽和状態だが、東南アジア、インドな
どの南アジアはこれから経済成長とともにエアコンが普及する。

設問3． 当社の次の経営理念のうち、共感したものを
3つ挙げてください。ホームページを読んだ上で
回答ください。

1．「次の欲しい」を先取りし、新たな価値を創造する

2．地球規模で考え、行動する

3．自由な雰囲気、野生味、ベストプラクティス・マイウェイ

> ### 設問４．設問３で選んだ３つの項目について選択した理由を教えてください。

　１については「次の欲しい」は「半歩先」と似ていてわかりやすい。企業理念とくにメーカーの理念としてはとても良い。

　２の「地球規模」は、まさに私の志望する海外での営業にぴったりだ。

　３の中の野生味という言葉は企業理念としては異色だ。

> ### 設問５．学生時代の活動内容を箇条書きで教えてください。１つは必須、最大５つまで。

1. 数学の素数についての研究。とくに暗号への応用が安全技術（セキュリティ）に役立つ。
2. インド旅行の体験。滞在した南インドの海岸沿いの１泊500円の宿はエアコンがなかった。インドの中間層がエアコンを買い始めたら約14億の１％でも1,400万人だ。膨大な需要が望めると実感した。

> ### 設問６．設問５で書いたことの中から１つ選び、あなたの強み・特徴を発揮したエピソードを教えてください。

　数学を通じて世界の学者と意志疎通ができる。

　素数は英語でPRIME NUMBER。世界中に研究者がいて、意見交換をし、論文を読んでいる。

　素数は「趣味」「生き甲斐に近い」という人も多い。

> 設問7．未来を見据えたとき、社会に対して課題に感じることは何ですか。課題に感じた理由と、解決に向けて取るべきアクションについて、あなたの考えを提案してください。

　環境問題で、課題としては限りない節電技術。エアコンの待機電力は家庭ではテレビに次いで高い。これを減らせれば日本全国、さらには全世界で節電となり、環境にやさしい家電になる。

> 設問8．あなた自身について述べてください。

1．クラブについて　カードゲーム研究会。4人そろったら「ブリッジ」というゲームで遊ぶことが多い。
2．資格について　普通自動車第一種免許　取得

●自己分析について

　いつから数学やカードゲームに興味をもったのか、自己分析しておきましょう。

●エントリーシートについて

　海外営業についての熱意はインド旅行の自己分析の結果が書けています。家庭での小さいときからの躾の影響があるかもしれません。自己分析を再度行ってみましょう。

アドバイス

　関西系の企業です。その風土や社風にあなたが合うのか、ＯＢ・ＯＧ訪問をして確認しましょう。トップの考えが色濃く反映されているエントリーシートです。

33 内定先：メーカー⑦

農業機械、建設機械、プレジャーボート、
産業エンジンなどを製造しています。

学科：政治学科
希望職種：営業

設問１．現在の研究内容・卒論テーマ・ゼミでの取り組み内容や、これまで学んできたことが当社でどのように生かせると考えていますか。
※論文テーマが決定していない方は、興味ある専門分野とその理由を書いてください。

　外交論の研究ゼミ。第二次大戦にみるドイツと当時のソ連の戦争における外交が、周辺国に国境を接していた日本を含めてどう影響したのか。

設問２．あなたが学生時代に最も情熱をもって取り組んだこと、そして、その経験から得たことについて具体的にお聞かせください。

　仏像研究会。東南アジアの仏教遺跡と大分の国東半島などの仏像の研究をした。現地の調査も行った。

設問３．当社に対するあなたの思いを自由に記入してください。※任意

　関西人には親しみのある会社だ。耕作機などが日本の農業を守っている。祖父（故人）も貴社の製品を愛用していた。
　　　　　　　　　　　　①

設問４．第１志望の業界の理由を記入してください。

　農耕機メーカーで、日本の農業の発展に貢献したい。

設問５．第２志望の業界の理由を記入してください。

建設会社のうち高砂熱学などの空調会社。今後も需要があると思うから。海外進出もしている。

設問6. 興味がある当社の事業分野と職種について記入してください。

第1志望は、農耕機の農協への営業。プレジャーボートの富裕層への営業。

設問7. 設問6と同様に第2志望についても記入してください。

米を加工した「○○○」など、将来のビジネスに携わりたい。また、今まで産業廃棄物として捨てられたものを加工する事業。

秋田の稲庭うどんの切れ端（産業廃棄物）を加工してビール（発泡酒）の原料にするなど。

設問8. 設問6と同様に第3志望についても記入してください。

マリン事業。東南アジアや南アジアの富裕層でも需要が今後拡大する。

●自己分析・エントリーシートについて

祖父との思い出で農耕機が登場するのが良いです。この企業の有名なＣＭソングと自分の幼少期の思い出も自己分析しましょう。

商品も記入していて「よく研究してきた」アピールになっています。

アドバイス

非上場会社なのでＯＢ・ＯＧ訪問は重要です。ゼミやサークルで見つからない場合は、この企業の人事に電話するなどして、自分の大学のＯＢ・ＯＧを紹介してもらいましょう。

34 内定先：**金融①**

３大メガバンクであり、すべての都道府県庁所在地・政令指定都市に店舗を置いています。

学科：経済学科
希望職種：融資

設問１．現時点で興味ある業務を選択してください。

営業店の融資などの仕事。地域の経済活動に貢献したいから。

設問２．当社を志望した理由を入力ください。

父も金融機関に勤めていて、全国転勤した。<u>私は６回も小学校、中学校を転校した。大変だったが楽しい面もあった。</u>① 貴社はどの都道府県にも支店があるので、全国を転勤してローカルの金融機関と競争、協調しながら地域経済を活性化したい。

●自己分析について

<u>幼少期からの親の転勤をプラスに自己分析しています。</u>① 企業側からも好感を持たれるでしょう。

●エントリーシートについて

銀行の支店は業界用語で「営業店」と呼ぶこと、この金融機関が全国のすべての都道府県に支店があることなどよく研究しています。可能であれば、親が勤めていた金融機関名をエントリーシートに書くことをおすすめします。

アドバイス

営業店（支店）の削減が、どの金融機関も避けられない課題です。その中であえて地方でがんばれることをアピールしています。ライバル企業を含めてOB・OG訪問をすると良いかもしれません。

35 内定先：**金融②**

３大メガバンクの１つです。国内外で、個
人・法人にかかわらず銀行業務を幅広く展
開しています。

学科：法律学科
希望職種：海外事業

設問１．在学中に経験したアルバイトを記載してください。

すし屋の皿洗い。サークル内で代々伝わってきたアルバイトだ。
私も２年生のときに引き継いだ。冬は手がかじかんで大変だった。
大将が厳しかったが、精神的に鍛えられたような気がする。

設問２．学生生活の中で力を入れて取り組んだ内容を、
　　　　50字以内で記載してください。

商学部のゼミの幹事だ。企業のコンプライアンス（法令遵守）のゼ
ミで、専門家を招いて講演をしたりした。

設問３．設問２の内容について、行動事実を具体的に詳しく
　　　　記載してください。
　　　　（あなたが、いつ、どこで、何を、どうしたのか。
　　　　その結果、何が変わったのか、など）

昨年の春、ゼミの教授から指示された講演の交渉で、ある銀行の
コンプライアンス担当者とメールでやりとりをした。その担当者は
業界で有名らしく、講演の日程が半年後になった。講演はとても勉
強になったが、当日の弁当や水の手配を教授に指摘され焦った。反
省点は先輩（ＯＢ）に細かい点をもっと聞いておくべきだったこと。

> 設問4．当行を志望した理由を、200字以内で記載してください。

　ゼミのOBがいて勧めてくれた。海外の銀行も傘下に持っていてグローバルな仕事がしたいと思った。英語もTOEIC®L&Rテストのスコアが880あるのでさらに磨いて役に立つようにしたい。アジアのインドネシアやタイの銀行に将来は出向してみたい。

●自己分析について

　アルバイトの経験は自己アピールにつながります。小中学校の頃から受けていた親の躾などでユニークなものがあれば思い出して書くと良いでしょう。厳しいアルバイトに耐えられた理由になるかもしれません。

●エントリーシートについて

　失敗して反省したとの記述がありますが、そこから学んだ点などがもう少しあればなお良いでしょう。応募者の多い、日本最大級の民間金融機関なので、競争率は高くなります。OB・OG訪問をして「当行を志望する理由」などのエントリーシートの項目を十分に添削してもらいましょう。

アドバイス

　この銀行は国内最大手ですが、純利益で首位の座を明け渡したこともあります（『会社四季報　業界地図』）。金融機関は貸し出しや預金などがあり、どの数字で経営を判断するかは難しいです。

　また、ネット銀行などの台頭で既存金融機関は追われているので、そのあたりは面接で聞かれてもよいように勉強しておきましょう。

36 内定先：**金融③**

35と同じ系列の信託銀行です。独自の投資理論研究所を持っているのが特徴です。

学科：経済学科
希望職種：資産管理

設問1．自覚している長所をひと言で表現してください。

体力。

設問2．自覚している短所をひと言で表現してください。

他人に物事を頼まれると断れない。

設問3．上記の「長所」と「短所」それぞれ自覚する理由を客観的な行動事実に基づいて説明してください。

長所の体力は登山サークルで鍛えたもので、80kg（半分はアルコール）の荷物を持って北アルプスなどの3000m級の山に登った。

短所はA君（同級生）の頼みを受けた後にB先輩やC先輩などの依頼も受けて、結局みんな中途半端になってしまったことがある。

設問4．設問3について苦労した点と、それをどのようにして乗り越えたか。また創意工夫した点を記入してください。

依頼を受けるときに、急な依頼があるかもしれない、そっちを優先するかもしれないと事前に断っておく。先輩からの依頼についても他の重要な依頼で後回しになり遅れる場合があることを説明しておく。

設問5．当社を志望する理由。当社で実現したい夢や目標を記入してください。

都市部などの地価の高い所に住む中間層の高齢者へのサービス。
①

自宅の不動産を担保にして、海外旅行(ビジネスクラスの航空機を使って欧州への旅行や豪華客船でのクルーズ)を提案する。

年金資金をそのまま残して、余裕資金で楽しんでもらう。

信託銀行のサービスなので、顧客に安心を与えられる。

> 設問６．現在当社の事業で興味のあるものを選んでください。
> ※最大回答数２

- 富裕層などの資産の一括管理や運用
- 遺言信託

●自己分析について

　子どもの頃、周辺に資産家がいたかどうかを親や祖父母に聞いてみましょう。もしいれば、エントリーシートに書けるエピソードがないか調べてみましょう。志望動機についての説得力が上がります。

●エントリーシートについて

　シンプルで書きやすいエントリーシートです。資産家を相手にする仕事なので、金融サービスの知識だけでなく、誠実さをアピールしましょう。

アドバイス

　業界トップクラスの信託銀行なので、金融の知識に加えて人柄を見られていますが、それ以外の社風や採用のポイントについてはＯＢ・ＯＧ訪問で感触をつかみましょう。

　オンラインの会社説明会ではわからないことも多いので、第一志望群の企業であるならインターンシップを経験するのも方法です。そこで雰囲気や本音みたいなものがわかるかもしれません。

37 内定先：**金融④**

顧客の財産を運用する「信託業務」を主に
行う、信託銀行です。

学科：法律学科
希望職種：資産管理

設問1. これまで最も力を入れた活動について教えてください（大学／大学院時代に限定しません）。

　法学部で憲法や民法を中心に学んだ。その中でも専門は「静穏権」だ。たとえば、地下鉄の駅ごとに流される、沿線の店舗案内ＣＭについての裁判などがある。

　日本は街中に行政の説明や商売に関する音情報があふれている（車内のアナウンスなどもそうだ）。人によっては不快に思うだろうし、有益と思う人もいるだろう。それについての裁判の研究をした。

設問2. 当社を志望する理由をご入力ください（志望業務・実現したいことなど）。

　遺言による資産の関係の業務をしたい。とくに、遺言信託は今後
①
盛んになる。理由は子どもがいない家庭、子どもが障がい者である家庭などの場合は、将来的に弁護士等が資産を管理するか信託で管理するしかないため。

　その業務を、顧客とじっくり相談しながら進めていきたい。

設問3. あなたの趣味についてお聞かせください。

　釣りで、中でも渓流釣りをよくやる。北海道での渓流釣りは野性味があって、とくに好きだ。

●自己分析について

　設問1や2に関連して、もっと自己分析することで、幼少期からの流れを説明して志望動機や入社後の仕事に結びつけられます。

●エントリーシートについて

　設問が3つしかないシンプルなエントリーシートです。エントリーしやすいので、有力校からの採用に力を入れる傾向があるのかもしれないと推測されます。

　遺言信託などはこれからの超高齢化社会でますます必要になってくるので、着眼点は良いでしょう。

アドバイス

　普通銀行と信託銀行は性質が大きく違うので、OB・OG訪問などをしっかり行って、業務内容を理解しておくと良いでしょう。

　遺言信託に象徴されるように、資産ある人を対象とする傾向が信託銀行にはあります。

普通銀行と信託銀行は業務内容が異なります。
普通銀行●銀行業務…預金、貸付、為替
信託銀行●銀行業務
　　　　　●信託業務…資産の管理・運用
　　　　　●併営業務…不動産、証券代行、相続関連

38 内定先：金融⑤

インターネットサービスにも力を入れている証券会社です。

学科：金融学科
希望職種：投資銀行部門

設問1． 就職活動中に参加したインターンシップがあれば、企業名などを記載してください。
例：ＡＢＣ証券投資銀行部門　サマーインターン　3日間
　　あいうえお証券リテール部門　オータムインターン　5日間

● ○○証券　リテール部門　サマーインターン　2日間

設問2． 当社を志望する理由をご自身の体験と想いを踏まえて記入してください。

親戚や友人、ゼミの先輩に証券パーソンが多い。

社債の引き受けが、低金利時代で企業の資金調達の主流になりつつあると聞いている。その社債引き受けの仕事をしたい。

設問3． 当社は多様性の観点から、社員1人ひとりの個性を尊重しています。あなたを特徴づける個性を3つ、20字以内で記入してください。

1つ

柔軟性

2つ

手順を大事にする

3つ

決断のスピードが早い

設問４．設問３の３つの個性について100字以内で
　　　　説明してください。

１つ

　柔軟性。ゼミでの論議はもちろん行事も協調性がないと前に進まない。

２つ

　手順を大事にする。複雑な作業もこれをきちんとすればスムーズに行く。

３つ

　決断のスピード。1人で登山したり、旅行をしたりするときには決断のスピードがないとなかなか柔軟に旅行の手段や目的地を変更できない。ビジネスにもハプニングが付きものだと思うので、そのときに役に立つだろう。

●自己分析について

　具体的な体験談が見えてこないので、自己分析すると、個性についてもっと説得力があるものになるでしょう。子どものときの体験は往々にして現在の自分の性格を形成しています。

●エントリーシートについて

　ＳＰＩ３の性格診断のようなエントリーシートです。人事管理においてパターン化する意図が想像できます。企業のエントリーシートにしてはとても珍しいことだと思います。

アドバイス

　この企業は最大手の一角の証券会社です。人気があり、このエントリーシートだと書きやすいので多くの学生が応募すると思います。個性をどうとらえるかが鍵です。

39 内定先：金融⑥

34と同じ系列の証券会社です。新規公開
株の取り扱い数が多いのが特徴です。

学科：経済学科
希望職種：運用部門

設問1．現時点で興味ある業務を教えてください。

NISAの運用。

設問2．その業務を志望した理由を入力してください。

　幅広く多くの個人の資金が入るのがNISAなので、慎重かつ大
胆な運用をしたい。中堅企業の銘柄も企業の投資家向けの説明やヒ
アリングをして決めたい。
　①

設問3．当社を志望した理由を入力してください。

　伝統に縛られず、自由な発想で業務ができる。社債の発行や販売
なども、グループ企業に営業をかけやすい利点がある。

●自己分析について

　自己分析が反映されるようなエントリーシートではないので、そ
の点は柔軟に対応する必要があります。

●エントリーシートについて

　前の証券会社の例とは正反対に、仕事に関することだけを聞いて
います。難しいのは、専門的な業務のことをどこまで書いてよいか
迷うところです。OB・OG訪問をして先輩の経験を聞きましょう。
　①

アドバイス

　証券会社を第一志望群とするなら、この企業も提出しておきたい
ところです。面接まで進めば非常に自信がつくでしょう。

40 内定先：金融⑦

火災保険、自動車保険、傷害保険などを扱う損害保険会社です。大手3社が経営統合して設立した持ち株会社の完全子会社です。

学科：経営学科
希望職種：経営企画

設問1．学生時代にもっとも力を入れたことを教えてください。

サークル活動。○○大学落語研究会に所属。十八番は「らくだ」「井戸の茶碗」「茶金（はてなの茶碗）」。

設問2．現状をよりよくするために自ら考え、行動した経験を教えてください。

アルバイトで、アマゾンの物流センターでの荷物の仕分け業務をした。

肉体労働できつかったが、休憩時間になるべく他の人に話しかけて、精神的なストレスを軽減した。
①

肉体疲労は、ストレスから精神疲労につながると考えている。

設問3．将来なりたい社会人像と、それを当社でどのように実現したいのか教えてください。

親の世代は会社人間を目指せというようなことを言われていた。
②
しかし、今は会社と家庭や社会（自宅の近所など）とのバランスが取れているようにしたい。

まずは会社で業績面で活躍する。そのときに、同じ部や課の雰囲気をよくするために全体の業績を上げる。

極端な話で言うと、野球で一選手が活躍しなくても試合で勝利すれば良いのと同じことだと思う。

●自己分析について

　自分の家庭環境についての自己分析をさらに行うと設問3への回答の説得力が上がるでしょう。

　設問が極めて個人的なものにウエイトが置かれていることから、応募者の人格や人柄を試す企業に思われます。子どもの頃のエピソードを細かく入れておきましょう。すると面接官に良い印象を与えられることでしょう。

●エントリーシートについて

　大きく他人と差がつくのが設問2です。自己分析してあれこれ思い出すと良いでしょう。

　アルバイトを熱心にやっていたら、何かネタがあるはず。自己分析をしましょう。高校ぐらいからアルバイトの経験を時系列に書いてみてはどうでしょうか。

アドバイス

　この損保会社も大手の一角です。OB・OG訪問をして、他の損保との社風の違いなどを調べておきましょう。

　また、エントリーシートについてもOB・OGのときと同じ内容かを彼らに確認して、事前に「面接のときにエントリーシートがどれぐらい参考にされているのか」を聞いておきましょう。

41 内定先：建設①

スーパーゼネコン5社の1つです。ダムや
トンネルなどの土木を得意としています。

学科：経済学科
希望職種：事務

設問1．学生時代に力を入れたことは何ですか。

湘南海岸でのサーフィン。中学高校の頃は毎日のように通った。大学では小型船舶の免許を取り、水上スクーター部のサークルを自分で作った。サーファーの知人に、高校生の頃から有名だった○○さんがいる。彼女は五輪の代表選手だ。

水上スクーターは中古なら3〜5万円で買えるが、学生の財布ではそれでもきつい。そこで、大人のサーフィン仲間に相談をして、何台か格安で譲ってもらった。免許自体は皆乗りたい一心でがんばったので、ほぼ一発合格だった。

設問2．現在の研究内容を教えてください。

- マクロ経済学
- 近代経済学
  卒論は「ケインズとその時代」の予定。

設問3．志望動機を教えてください。

ゼネコンの中でも海外勤務のチャンスが多いと思うから。

祖父と中学時代にNHKの『プロジェクトX』という番組を再放送で見たのがきっかけ。建設会社の仕事が人々に「夢」を与えると思った。

●自己分析について

　『プロジェクトX』のところをいつ、どこで、どれぐらいの作品数を見たのかを自己分析するのが面接、とくに役員面接を突破する鍵です。役員たちはその番組が刺さった年代です。彼らとの話のネタになるため、もっと深く分析をしておきましょう。

●エントリーシートについて

　比較的シンプルなエントリーシートです。

　もし、この企業が第一志望群であるなら、相手(人事)の注目を浴びるような内容を書くことができれば有利になるでしょう。この例の場合は「サーフィン」「水上スクーター」「NHKの番組」と複数のアピールポイントがあります。

アドバイス

　「地図に残る仕事」と自らの仕事をうまく表現した企業もあります。ゼネコンの仕事は建設プロジェクトの管理です。この企業では東大卒でも、ダムやトンネルなど地方のコンビニエンスストアがないような現場(キャンプ)の「飯場」に派遣され、泊まり込んで下請けの人々と酒を飲んだりしてコミュニケーションを図ることもあります。自分に合う職場かどうか、OB・OG訪問などをして業界研究をしましょう。

42 内定先：建設②

スーパーゼネコン5社の一角を占める非上場企業です。土木部門は子会社に任せ、設計・建築を専業にしています。

学科：歴史学科
希望職種：営業

> 設問1. あなたが当社のホームページやセミナー、社員の話などを聞いて、共感したことを理由とともに具体的に記述してください。

　ホームページにあった、4足歩行ロボットによる建設現場の写真撮影をする技術。

　ロボットでの危険な現場での撮影や、正確な撮影が建設業務を助けていることに驚いた。

> 設問2. 当社が求める人物像のキーワードとして「覚悟と粘り強さ」が挙げられます。あなたが今までに「覚悟と粘り強さをもって成し遂げたことを」を具体的に記述してください。

　大学時代にはないが、高校時代にサッカー部で県大会の上位に食い込んで、インターハイを目指してがんばっていた。正月以外休みもなかったが、毎日の練習をがんばった。

　全国大会に出場して「夢」は達成できた。建物という「作品」ができたときの達成感は同じものだと思う。

> 設問3. 上記以外で考える自分の強みについて、その背景を踏まえて具体例を挙げて記述してください。

　問題をうやむやにしないこと。ダム巡りをし、写真撮影をしている。先日、神奈川のとあるダムでのことだが、管理の職員との雑談で、戦前に多くの朝鮮半島出身者が働いていて、多くの人が労災で死んだことを知った。ショックを受けたが、ダム巡りの仲間たちに

も伝えたいと思い、研究者がいることを調べて、話を聞きに行った。

> 設問４．希望職種を選んだ理由を教えてください。

　企業の利益は営業にかかっていると叔父から聞いたことがある。
叔父は食品メーカーだが、優秀な営業職はどこでも同じだという。
　貴社で営業職として頑張りたい。地方の営業所勤務もＯＫです。

> 設問５．研究テーマ・内容について記入してください。
> 　　　　※仮テーマ可。卒論がない場合は主に何について勉強
> 　　　　したかを記入してください。

　日本史。中世から戦国時代の茶道の広がりや道具の歴史。

●自己分析について

　中学時代の部活なども自己分析しておき、高校とつながるならそ
れにもふれましょう。大学時代にサークルでサッカーをしているな
らそれも書くと良いでしょう。

●エントリーシートについて

　「覚悟と粘り強さ」がこの企業の採用担当者のモットーになって
いるのかもしれません。場合によっては社長などの「精神」かも知
れません。ＯＢ・ＯＧ訪問をして聞いてみましょう。オンラインの
会社説明会に参加できたら人事に聞くのもよいでしょう。

アドバイス

　この企業は非上場ですが、経営は安定しており、銀行の低利融資
を受けています。ゼネコンは大成建設を除き鹿島、清水、大成、大
林組が創業家の経営と見られています。保守的な場合もあります。
ミスマッチを防ぐために、企業研究を新聞記事検索などで行ってお
きましょう。

43 内定先：建設③

スーパーゼネコン５社の中の一社で非同族
企業です。大規模な建築・土木から一般住
宅まで、幅広く手がけています。

学科：金融学科
希望職種：海外土木

設問１．研究テーマを教えてください。

近代日本の財政論。国債の歴史の研究。

設問２．保有資格・免許があればご記入ください。

- 普通自動車第一種運転免許
- TOEIC®L&Rテストスコア780点

設問３．インターンシップ経験があればご記入ください。

○○グループホールディングス サマーインターンシップ ２日間

設問４．長所、短所について述べてください。

　長所は、付き合いが良い点。ゼミの教授や先輩に誘われたら断ら
ない。短所は、八方美人とよく言われること。
　　　　　　　①

設問５．所属しているゼミ、クラブ、サークル、課外活動
　　　　　などについて述べてください。

　国債の歴史の勉強をしている。ゼミの教授は「日本は赤字国債を
発行しすぎ」と言う。政府の方針と違うのが面白い。

設問６．あなたの好きなこと、関心のあることについて
　　　　　具体的に述べてください。

　長崎の軍艦島や北海道の鉄道（廃線）を巡ること。国債の近代史（日
露戦争での戦費調達で国債を発行したこと）につながっているので
興味深い。

> **設問7. 学生時代におけるあなた自身の重大ニュースを3つ挙げ、その中の1つについて詳しく述べてください。**

1つ：ゼミ長に推されたこと。

2つ：友人との欧州旅行でバルセロナのサグラダ・ファミリアを見て感動したこと。

3つ：ゼミ旅行で北海道に行ったこと。廃炭鉱などの産業遺産も見て回った。

　2つ目のサグラダ・ファミリア。欧州旅行で意見が合わず、2つのグループに分かれた。私はパリからフランスの新幹線（TGV）などでバルセロナに行った。その分予算オーバーしたが、行った全員感動したので、別行動してよかった。

> **設問8. 就職活動にあたり、あなたが業界選択・企業選択で重視している点について具体的に述べてください。**

　企業の収益性やバランスシートの有利子負債や剰余金を比べている。後は、OB・OG訪問で実際の社風も重視している。

> **設問9. 入社10年後のキャリアビジョンをお聞かせください。**

　係長級などで、海外勤務して外国政府からの注文で公共事業を建設している。

> **設問10. 設問9の達成のために身につけたい能力を述べてください。**

　TOEIC®L&Rテストのスコアを上げること、日本の経済誌やフィナンシャル・タイムズを読むこと。

　先輩からのアドバイスや経験で学び、海外でのスキルを上達させること。

●自己分析について

　短所としている「八方美人」を形成する幼少期などの自己分析を
してはどうでしょうか。「八方美人」と評されるということは、人
から好かれやすい面はあるのでしょう。そこから説明すると面接な
どで相手を納得させられます。

●エントリーシートについて

　インターンシップ経験を書かせているのは珍しいほうです。他社
のインターンシップは面接で詳しく聞かれるので、同業他社での経
験を書くのが基本です。回答で挙げた「○○グループホールディン
グス」は、戸建て住宅の分譲が主体の企業(建設会社などの共同持
株会社)です。

アドバイス

　設問7の三大ニュースがこのエントリーシートの面白い狙い目で
す。ここで学生の本音を引き出そうとしています。

　学業、私生活、趣味、サークル、アルバイトなど何でも書けるの
で、自己分析を十分にして、面接官が納得できる「それを選んだ理
由や選ぶに至った背景」を語れるようにしましょう。

　この例のサグラダ・ファミリアなら写真や映像を雑誌やテレビな
どで子どものときから見るともなく見てきた世界的な建築物なの
で、興味を持たれるはずです。

44 内定先：建設④

「本店」を福井に置く準大手のゼネコンです。国内外で超高層建築を手がけています。ダムやトンネルなどの土木も得意です。

学科：土木工学科
希望職種：施工管理

設問1．建設業への志望理由を教えてください。

関係者が親戚や部活の先輩などに多く、親しみを持てるから。①
もの作りの仕事をしたい。将来、子どもや孫に自分が作ったものだと自慢できる。

設問2．当社への志望理由を教えてください（当社を知ったきっかけや魅力を感じている点をお書きください）。

自動車部の先輩から話を聞いた。その先輩は貴社の社員ではないが、ゼネコンの仕事の面白さを教えてくれた。それでいろいろ調べると黒部ダムの建設のため大町トンネルを完成させた会社の1つだと知った。社会の発展のための原点になる仕事だと思った。

設問3．当社でやってみたい仕事、成し遂げたいことなど、今後のキャリアプランをお書きください。

大型の公共性の高い仕事をしてみたい。公共交通網のトンネル工事など。

設問4．学生時代に力を注いだこと（学業・研究・クラブ活動・ボランティア活動・アルバイトなど）、また、その経験から学んだことをお書きください。

体育会自動車部の副部長。
今の若者には自動車は人気がなく、募集しても集まらないので、サークル並みに新歓コンパを数回開くなどした。また、LINEを交換して、新入生の授業の科目登録のアドバイスをするなど細かい

サービスに努めた。その結果、前年度の倍に新入部員が増えた。

　アルバイトは北海道の農家でブロッコリー、トウモロコシなどの収穫作業を行った。

設問5．あなた自身を単語4つで表し、自己PRをしてください。

● クルマ好き　● 旅行好き　● 宴会好き
● 未知の場所に行くのが好き

　チャレンジ精神旺盛でクルマで未知の場所に行くのが好き。精神的にタフ。宴会好きで明るい。

設問6．趣味・特技を教えてください。

　趣味はドライブ、スカッシュ。特技は1分間の逆立ち。

●自己分析について

　親戚などから仕事の話を聞くのは良いことです。また、乗り物への興味からキャリアプランにある「公共交通網のトンネル工事」までどのようにつながっているか、細かいところを自己分析してみましょう。

●エントリーシートについて

　書きやすいエントリーシートです。学生の人間性を見ることを重視しているように思えます。最初に「業界への志望理由」を聞いているのも珍しいです。

アドバイス

　この企業のホームページをよく分析して書いていることがわかります。黒部ダムの工事について調べていることは、役員面接まで行くととくに評価されるでしょう。

45 内定先：建設⑤

大阪に本社を置く住宅総合メーカーです。
有名な俳優を使ったユニークなテレビCM
でも知られています。

学科：社会学科
希望職種：人事・総務

設問１．当社を志望する理由を教えてください。

住宅を持ちたいという人々の夢をかなえる仕事で、業界でも大手
①
の一角なので。

設問２．希望職種についてそれを選んだ理由を教えてください。

人事・総務。現場よりは自分は事務系に向いていると思うから。

設問３．キャリアの理想はありますか。

とくにない。

設問４．あなたのやる気の源は何ですか。

休みに仲間とゴルフをしてリフレッシュすること。

設問５．もっとも努力したアルバイト経験について、何をどのようにしてがんばったのかを、簡潔に記述してください。

　大手引っ越し会社のアルバイト。今でも、人員に穴が空くと「臨時手伝いで来てもらえないか」とメールがある。時給はとても良い。いろいろな人の家（たまに事業所）の中を覗くことができて興味深い。家具の運搬は肉体労働だが、慣れてコツがわかると楽になってくる。また、アルバイト仲間も70歳代の高齢者や親と暮らす独身の人、年の半分稼いでその資金でインドに滞在している人などもいた。皆個性があって面白い。

設問６．自己ＰＲ・学業以外で力を注いだことを教えてください。

引っ越しのアルバイトで鍛えた筋力、梱包の速さとていねいさには自信がある。

設問７．大学時代に何をしていましたか。

ゼミでは社会政策で「道路や港湾の整備で都市をどう作っていくか」「物流網の設計」などを研究している。

●自己分析について

この例には書いてありませんが、自己分析で「一戸建てにいつ頃から住んでいたのか」など、子どもの頃からの思い出を探っていくと、うまく志望動機につながります。

●エントリーシートについて

設問が多い企業で、エントリーシートの段階から応募者の個性を引き出せるように工夫しています。

丁寧に細かく書いても読んでくれそうな雰囲気の企業であると想像されます。

アドバイス

業界トップクラスの企業です。住宅関連なので勤務形態(土日は休みかなど)をＯＢ・ＯＧ訪問で確認しておきましょう。

46 内定先：**建設⑥**

大阪に本社を置く住宅メーカーです。国内外で一般住宅やマンションなどの施工を手がけ、開発事業も行っています。

学科：建築学科
希望職種：事務系

設問1．当社を知った経緯を教えてください。

　OB・OG訪問をした。ゼミの先輩がいる。<u>また、叔父の家が貴社製で「とても住みやすい」と自慢している。</u>①

設問2．当社を志望している理由を記入してください。

　働きやすい環境だと聞いている。CMが有名。<u>過去の大きな地震の際にも安全だったのが強く印象に残っている。</u>①

設問3．現在、あなたが志望している職種・部門・職務において、何を最重要視して仕事に臨みたいと考えていますか。

　事務系の管理部門。正確さを重視したい。

設問4．あなたのことを教えてください。強み弱み・幸せを感じるとき・一番悔しかった出来事など、エピソードとともに記入してください。

　真面目だと他人から言われる。

　幸せを感じるのは豆を買ってきて、自分でコーヒーミルで粉にして、淹れて飲むとき、その豆が当たりというか良かったときに幸せを感じる。たまにひき立ての豆でも外れがある。そのときは悔しいと思う。

●自己分析について

　親戚にこの企業のプレハブ住宅を買っている人がいて、評判も良いと記していますが、さらに、<u>家にまつわる自身の思い出などを自己分析から探って書くと、志望動機もわかりやすくなります。</u>
①

●エントリーシートについて

　書きやすいエントリーシートです。つまり、提出する志望者は多くなります。さらに、住宅メーカーではトップクラスの企業なので競争率は高いです。慎重に書くと良いでしょう。

アドバイス

　クルマなどと違って、生涯で1つしかない高額な買い物のプレハブ住宅（一戸建て住宅）です。それを買う立場から研究しておくと面接でも通過しやすくなります。

この企業に限らず、自己分析をして、
・志望動機の原点となる体験
・人となりを表す（子どもの頃を含めた）エピソード
・影響を受けた家族や身近な人との関係
などがエントリーシートに入るとよいでしょう。

47 内定先：**建設⑦**

空調設備工事の最大手です。大型施設の空調設備の設計・施工を手掛け、海外にも事業を展開しています。

学科：機械工学科
希望職種：総合技術系

設問1．趣味・特技をご記入ください。

大学時代〜大学院時代と、自宅の近所の草野球チームに所属している。上手い人も下手な人も混じっているため、楽しくプレーすることをチームのモットーにしている。終わった後の飲み会も楽しい。

設問2．これまで最も打ち込んだこと
　　　　（例　学業、クラブ活動、サークル、アルバイトなど）
　　　　を記入してください。

アルバイトは東京の高円寺の個人経営の焼き鳥屋で数年間続けていた。経営者から、自営業の苦労話をよく聞かされた。それで私はサラリーマンを目指すことにした。

設問3．「入社後になりたい姿」を含めて自己PRを記述してください。

全国を回って仕事をしたい。ゼネコンと違って世間的に知られていない（宣伝費がかからない）分、働きがいがあると思った。設備工事のサブコンの中でも独立系なのが良い。電気工事だけでなく空調全般をやっているのが良い。

●自己分析について

　大学時代から始めた草野球よりももっと前にさかのぼり、小学校①
から高校までにやっていたスポーツも自己分析しておきましょう。
エントリーシートに書かなくても、面接で細かく聞かれます。準備
が必要です。

●エントリーシートについて

　設問3の自己PRも含めて一般的なエントリーシートなので、ど
この企業でも使える「模範エントリーシート」を用意しておけば対
応できます。

アドバイス

　この企業はCMなどを流す必要がない、企業間取引で成り立って
いる会社です。ゼネコン・サブコン(サブコントラクター。ゼネコ
ンからビルやマンションの空調設備の設計施工など、一部の専門分
野を請け負う)業界では有名です。

　新人でも数年で現場監督のような仕事を任せられるので、可能で
あるならば、ジョブ・ローテーション(部署や職務の異動)について
OB・OG訪問などで確認しておきましょう。地方転勤などは珍し
くありません。長崎県の大村の長崎空港の物流施設から北海道の新
千歳空港の物流施設へと転勤した例もあります。

48 内定先：出版①

明治時代に設立された老舗の出版社です。
文芸誌・週刊誌・漫画などの雑誌、小説、
文庫、新書など幅広く刊行しています。

学科：ドイツ文学科
希望職種：編集部

設問1. 当社を志望する理由を書いてください。

日本でも一、二の老舗出版社で働きたい。

設問2. 志望部門を3つ書いてください。

マンガ部門か○○文庫の編集、『週刊○○』の編集を希望。

設問3. 志望理由について、第1志望の部署や編集部で、どういう仕事をしたいか、具体的に書いてください。

『月刊コミック○○』編集部。マンガ編集をやりたい。人生の意味を問う作品で人気のA先生の担当になりたい。①

設問4. 志望理由について、第2志望の部署や編集部についても同様に具体的に書いてください。

○○文庫編集部。10年、20年と読み継がれる本を安価で提供できる、文化的な仕事をしたい。

設問5. 得意な科目と研究課題を書いてください。

独文学。トーマス・マン『魔の山』が卒論のテーマです。

設問6. 学業以外に力を入れてやったことを書いてください。

カルタ研究会。

設問7. 最近のテレビ・新聞・雑誌等で印象に残ったニュースは何ですか。

総選挙関連の話題。

麻雀を始める友人が少しいて、誘われている。

設問9. 自覚している性格はありますか。

優柔不断。

設問10. 自分の最大の挫折経験を書いてください。

新宿で飲んでいて、終電に乗り損なった。ネットカフェに入ろうとしたが、所持金もないことに気がついて、駅前で野宿をしたがとても怖かった。徒歩圏内で、泊めてもらえる人と仲良くなっておけば良かったと反省した。その後、友人を広く持つようにした。

設問11. 自分が「大人になったな」と感じた瞬間は何ですか。

厳しい家庭だったため、上京して、朝まで繁華街をうろうろしていたときに、部屋に帰っても怒る人がいないことに気がついた瞬間。

設問12. 年間の読書冊数（電子書籍も含む単行本、
文庫・新書、コミック）を書いてください。

● 単行本　20冊　　●文庫・新書　40冊　　●コミック　60冊

設問13. 好きな作品と、その理由を書いてください。

アルベール・カミュの『ペスト』。「恐怖が社会を支配する状況」をうまく表現している。

設問14. この1か月以内に読んだ本と、その感想を書いてください。

『モーム短篇選』（岩波文庫）。その中の「物知り博士」は、上品なユーモアと人間の心理への洞察が優れていた。「冬の船旅」は、ドイツ人のクリスマスの祝い方が面白かった。

> 設問15. よく読む雑誌やよく見るウェブサイトは何ですか。

『小説○○』

> 設問16. あなたが今一番会いたい人物と、聞いてみたいこと
> （書かせてみたいこと）は何ですか。

故人なら、アルベール・カミュか三島由紀夫。生きている人なら、堀江貴文。「まだ、これから儲かるＩＴビジネスの見分け方」や「人工知能は人間を支配するか」について聞いてみたい。

> 設問17. あなたの好きな当社の本を２冊選び、それぞれについて「売るためのコピー」を30字以内で書いて下さい。

『新編 銀河鉄道の夜』（宮沢賢治）

疲れた夜に良い夢をみたい人に。（15字）

『寺内貫太郎一家』（向田邦子）

徹夜したい夜に、こころを覚醒させよう。（19字）

●自己分析・エントリーシートについて

志望動機を探るため、本やマンガと出会ったときの興奮を小学生や中学生まで遡って自己分析しましょう。

エントリーシートもよく書けています。マンガが第一志望であるならば、それを強調しておきましょう。

アドバイス

文芸志望でも週刊誌の編集部に配属されることはあります。どうしても出版社に入りたいなら、第２・３志望として他の部署でもかまわない旨を明記しておきましょう。志望順位が低いなら、作成に時間のかかるこの企業には応募しなくても良いでしょう。

49 内定先：出版②

新聞社系の出版社です。新聞の縮刷版、文芸誌・週刊誌・漫画などの雑誌、文学、文庫、新書など幅広く刊行しています。

学科：英米文学科
希望職種：編集部

設問1．当社で将来、どんな仕事がしたいですか。

『週刊○○』編集部。

原稿整理だけではなく、将来は自ら取材をしたうえで署名記事を書けるようになりたい。

設問2．当社の出版物に対する感想を書いてください（ここ1年の雑誌、書籍その他の中から具体的に挙げてその感想を）。

『週刊○○』の大学合格特集号。親戚に高校の教員がいて、毎年買っていた。「合格者の声」が面白い。本人に加えて、受験勉強をサポートしてきた家族まできちんと取材しており、喜びと安堵の感情が伝わってきた。

設問3．あなたの長所、短所は何ですか。

積極性が長所。短所は他人にものを頼まれたら断れないこと。たまに複数の人から依頼を受け、焦ることがある。

設問4．ここ1、2年で最も力を入れて取り組んだことを教えてください。

英文学。マザーグースなどのイングランド民謡。チャールズ・ディケンズの研究。コナン・ドイルやアガサ・クリスティなどの小説に

も大きな影響を与えていることがわかった。

> 設問５．あなた自身をアピールしてください
> 　　　　（文章で表現しても、その他の方法でも構いません）。

自称、現代の文学青年。

まだ本名を出したことはないが、ＳＮＳにいくつか作品をアップして、読者の反応を見ている。概ね高評価だ。

●自己分析について

設問１・２に関連して、子どもの頃の読書傾向をもっと自己分析しておくと、動機づけに結びつくため、エントリーシートが書きやすくなります。

●エントリーシートについて

ひねりを加えた設問やその会社独自の設問がない、シンプルなエントリーシートなので、幅広く出版業界を志望するときは、練習を兼ねて出しておきましょう。

アドバイス

新聞社系の出版社です。ここのエントリーシートは手書きです。編集志望の場合は、記者として新聞社の地方総支局へ出向する可能性もあります。また、書籍編集志望は都内で書店や取次などを回る営業部門への配属を経験することもあります。ＯＢ・ＯＧ訪問をして、その辺の事情を調べておきましょう。

50 内定先：**出版③**

運営するＷＥＢサイトで小説や漫画を掲載
し、人気作品は書籍化しています。

学科：社会学科
希望職種：編集部

設問１．応募希望の職種を教えてください。

　マンガ雑誌の編集部。『○○○』などのようなヒット作を生み出
せる編集の仕事をしたい。

設問２．当社に興味を持ったきっかけを教えてください。

　貴社に大学のＯＢがいる。紙のマンガの出版社にはすべて落ちた
が、ＯＢの話を聞き、ぜひとも貴社で働きたい。

設問３．応募職種へのアピールポイントを教えてください。

　ネット漫画は今後、ますます伸びると思う。読者への課金も最近
スムーズになったと聞いている。これからますます利益が安定して
くると思う。学生の頃から利用しているので、その良さをさらに世
に広めたい。

●自己分析について

　なるべく中学生や高校生の頃からのマンガの読書傾向を自己分析
しておき、ノートにメモするなりしておきましょう。他の出版社の
エントリーシートにも使えます。

●エントリーシートについて

　シンプルなエントリーシートなので、志望順位が低くても提出し

ておきましょう。自分の趣味に合う作家だけでなく、友人に広く聞いて、なるべく多くの作家と作品名をエントリーシートに書くこと。それも大きな自己アピールの１つの方法です。

　また、自身も含めた若者のライフスタイル（スマートフォンでマンガを読む）が将来さらに定着していくことを挙げ、WEB専門の出版社の将来性を称えると良いでしょう。

アドバイス

　近年、有名になって来たＷＥＢ専門の出版社です。これからもＷＥＢ専門のマンガ出版社は出てくるでしょうし、無名でも力のある紙のマンガ出版社もあります。また、この業界は人材の流動性が高く、これらの企業を足がかりに御三家（講談社、集英社、小学館）に転職することも少なくありません。

出版社を志望するのであれば、志望動機を深く探るためにも、子どもの頃までさかのぼって、読書の傾向や本（マンガや雑誌も含む）と出会ったときの感動を掘り起こし、調べましょう。他の出版社のエントリーシートでも使えるので、ノートなどにまとめておくと良いでしょう。

51 内定先：出版④

女性週刊誌やファッション誌、男性月刊誌
などの雑誌、料理本などの書籍、ＷＥＢメ
ディアを手がけています。

学科：経営学科
希望職種：編集部

設問１．なぜ出版業界なのか、その中でなぜ当社なのか。

　雑誌の編集者、できれば女性週刊誌の編集者として働きたい。母
やおば達は話し好きで、昔からその中心に女性週刊誌があったので。

設問２．志望職種について。上記職種を志望する理由、
　　　　当社に入社後、どんなことをしたいか
　　　　（雑誌名・部門名等を含め具体的に）。

　貴社の週刊誌『○○○○』は老舗雑誌なので、知名度がある。そ
①
こで皇室関係の記事を書きたい。

設問３．趣味・特技・資格や学生時代に注力したこと、
　　　　そしてその成果を書いてください。

　グルメ本を参考にして、お菓子や美味しいパンの食べ歩き。いろ
①
いろ食べ歩いた結果、太ってしまった。「美味しい」はすなわち、
バターやクリームなどの脂肪分が多いことだとわかった。

設問４．自分自身を表すのに適したキャッチコピーをつけ、
　　　　その理由を解説する形で自己紹介をしてください。

　キャッチコピー「ガリコ」。子どもの頃は偏食で痩せていて、中
学生の頃はあだ名でガリコと呼ばれた。大学の寮で厳しく指導され、
少し太るようになった。

設問 5. 今、あなたがいちばんハマっている 「人・コト・モノ」をひとつ選び、 それを「推し」ている理由を解説してください。

「人」は、渋野日向子。無名に近いときにいきなりゴルフの海外メジャー大会で優勝した。その後の苦戦も人間味があってよい。

「コト」は、京成高砂駅周辺の居酒屋巡り。昭和の街並みと下町の人情が好きだ。客同士ですぐ仲良くなり、オジサンに御馳走してもらえる。

「モノ」は、マクドナルドなどの木のスプーンやプラスチック以外のストローを集めている。ベトナムに出張した父から米の粉で作ったストローをお土産としてもらい、愛用している。ＳＤＧｓ関連の製品は今後ますます広まっていくと思う。

設問 6. あなたの人生最大のピンチと、それを乗り越えた 経験について教えてください。

サークルで、1人の男性メンバーを争って4人がバトルを繰り広げた。私は関係なかったが、4人からの相談を聞いていたらスパイ扱いされ、4人全員から嫌われた。完全なとばっちりだ。迷惑だったので、サークルの幹事長選挙に立候補し、幹事長になって「サークル内恋愛禁止」にしたら、騒ぎは収まった。

設問 7. 今後、出版社が伸ばすべきビジネスについて、 自由に考察してください。

紙の雑誌や書籍の高級化。利益の大きいものを目指す。インテリアとして部屋に置くことができる、美術品のような作りの本や雑誌は、今後ますます需要があると思う。

設問8．当社でぜひ実現したい「あなたの夢と野望」を
教えてください。

女性週刊誌を業界トップにする。

設問9．あなたがおススメの1冊を「読みたい！」と思わせ
るように推薦してください。

『こねずに作れるもちもちベーカリーパン』。自分で簡単に美味し
いパンが作れる。

設問10．設問9で取り上げた1冊の店頭POPのデザイン案
を制作してください。

（概要）「自宅のお茶会でお客さまに自慢できる裏技」という文言で
構成。

●自己分析について

子どもの頃の体験をもっと書くと、パンへのこだわりがスムーズ
に面接官に伝わるでしょう。

●エントリーシートについて

よく書けています。週刊誌志望は少ないので、面接で有利に展開
できます。

アドバイス

老舗出版社なので、そのプライドをくすぐる作戦でエントリー
シートから面接、とくに最終面接官への対策をすることが、内定へ
の早道です。また、ここもエントリーシートは手書きです。

52 内定先：**出版⑤**

文学やノンフィクション、実用書などの書籍、文庫、新書、文芸誌などを刊行している出版社です。

学科：日本文学科
希望職種：編集部

設問1．作文「出版社だからできること」（400字以内）

（以下は概要）子どもの漢字力の維持。文章だからこそ主人公などの登場人物を空想できる。マンガやアニメでは想像力はあまり育たないと思う。想像力を子ども時代に育みたい。

設問2．当社を志望する理由について述べてください。

名門出版社なので、落ち着いて仕事ができる。また、成長ものびのびできるとOB・OG訪問で聞いた。

設問3．当社でやりたい仕事を教えてください。

書籍編集で経験を積んでから、コミック編集をしたい。
①

設問4．出版社を志望する理由を教えてください。

紙の本に触れたとき、ページを開いたときの感動を大事にしたい。

設問5．本の未来についてどう思われますか。

永遠に残ると思う。人口が減るので、部数は厳しいが、良い本は高くても買うと思う。

設問6．あなたの長所と短所を教えてください。

長所は、落ち着いていると友人に言われる。観察力は自分でもあると思う。

短所は、のんびりしすぎるところ。

> **設問7. 最近興味を持ったニュースや注目している人物を教えてください。**

　水泳の池江璃花子の活躍。血液のがんと戦いながら高い成績を挙げている。その精神力を尊敬する。

> **設問8. 最も熱中していることを教えてください。**

　ジムでのストレッチやバーベルを挙げるなどの筋トレ。

> **設問9. 趣味・特技を教えてください。**

　夜のジョギングが趣味。雨の日以外は夕食後の9時頃に2〜5kmをゆっくり走ることを2年続けている。また、読んで気に入った絵本を集めている。今は他者への眼差しが厳しくも優しい○○○○先生が一番のお気に入りだ。

> **設問10. あなたの健康状態を教えてください。**

　良好。

●自己分析について

　何を仕事としてやりたいのかうまく表現できています。①

●エントリーシートについて

　出版社としては奇をてらった設問がない、シンプルなエントリーシートです。

アドバイス

　独自の文学賞を主催している、小説に強い出版社です。あまり知られていませんが、マンガも刊行しています。「どのような作品を手がけたいか」まで書ければ、なお良いでしょう。

53 内定先：出版⑥

出版社の大手です。各種書籍をはじめ、
週刊誌・女性誌・男性誌・文芸誌などの
雑誌を幅広く刊行しています。

学科：法律学科
希望職種：編集・ライツ

設問1．志望分野を教えてください。

（1）コミック編集、（2）ライツ、（3）児童書編集

設問2．どんなことでも構いません。現在進行形でがんばっていることを具体的なエピソードを交えて教えてください。また、何のためにがんばっているかを教えてください。

　がんばっていることは「御朱印集め」。各地の寺社に父と行ったり、母と行ったり。私は御朱印帳だが、父と母は掛け軸に御朱印を押してもらっている。出雲大社はスタンプだったが、他は手書き。達筆で読めないが、面白い。

　集めている理由は、父と母は祖父の将来の葬式やその法事などで使うため。私は父母の愚痴相手になっている。

設問3．コンテンツを使った「私の○○○ランキングBest5」を作成してください。○○○には自分で考えた言葉を入れ、オリジナルのランキングにしてください。扱うコンテンツのジャンルは問いません。作品名、作者名、キャラクター名、シーンなど、自由な発想で作成してください。

「私の御朱印ランキングBest5」

1．諏訪大社　下社秋宮　　2．興福寺　南円堂
3．三室戸寺　　　　　　　4．華厳寺
5．十和田神社

設問４．この１年以内の「誰かに教えたい体験談」を教えてください。また、その伝えたい理由も教えてください。

　長崎県五島列島のある教会で隠れキリシタンの崇拝グッズがアワビの貝殻だと知ったこと。隠れキリシタンの人々の執念を伝えたい。

設問５．一番信頼している人から、あなたはどんな人だと言われますか。またそれについてあなたはどんな感想をお持ちですか。

　友人の桜子から、「オジサン少女」と呼ばれている。おじいちゃん子だったので、趣味が年寄臭いのかなと思う。嫌な評価ではない。

設問６．想像でも構いません。働くとは何かを、働くうえで自分が譲れないことを踏まえて教えてください。

　働くことは人生の一部だ。譲れないことは働く環境だ。ストレスのない職場であって欲しい。

設問７．「私が入社したら、この会社のココを変えます！」変えたい理由や戦略も教えてください。

　もっと海外に売れるコンテンツがあるはず、海外販売戦略室のようなものを作りたい。

設問８．以下の図を含むスペースに、写真やイラスト、文章を自由に使って、ここまでのエントリーシートで表現しきれていないあなたの魅力を表現してください。ただし、必ずキャッチコピーを付けること（写真は何枚使っても構いませんが、使う場合は必ず１枚はご自身の顔が映っているものを使ってください。イラストは自筆のものに限ります）。

（概要）「鯨のような形の雲に乗って遊ぶメルヘン童話」の表紙絵の写真を真ん中に。その下にその本を持って笑っている自分のイラスト。

写真のキャッチコピーは「大昔からありそうなストーリーなのに実は最近」。

●自己分析について

「おじいちゃん子」以外のエピソードをもっと自己分析して掘り下げると、良いネタが出てくるでしょう。ユニークな性格なのでアピールしないともったいないです。

●エントリーシートについて

大手出版社だけに、多数の項目を書かせようとしています。ここでは割愛していますが、800字以内の作文も課しています。クリエイティブ系の設問も多いので注意しましょう。

写真も大切です。複雑なエントリーシートにして応募者を減らしたいのではと思われます。この企業が第一志望群でなければ、エントリーシートを出さないのも１つの方法です。

アドバイス

第１志望はマンガ編集なのか、児童書なのか、ライツなのかをもっと明確にすると良いでしょう。

ＯＢ・ＯＧ訪問をして若手の編集者たちと仲良くなり、エントリーシートの添削をしてもらいましょう。上手にアドバイスをしてくれる人と出会えば、内定率は高くなります。

54 内定先：**出版⑦**

53の系列企業で、新書ブームを作った出版社です。新書などの書籍や雑誌を刊行しています。

学科：文学科
希望職種：編集

設問1．あなたが当社を志望する理由を教えてください。

小さいときから貴社の新書や単行本に接してきた。

設問2．志望するカテゴリ、編集部、部署とその理由を記入してください（第2志望まで）。

● 第1志望　単行本編集、○○ノベルス
さまざまなジャンルの小説を扱っているから。

● 第2志望　ファッション雑誌編集部
若い世代にとって貴社の雑誌はバイブルになっている。

設問3．自信を持って自慢できることと、そのエピソードを教えてください。

ゼミやサークルで、誰とでも話せるバランス感覚。初日から馴染み過ぎて、同級生から「卒業生ですか？」と聞かれた。

設問4．あなたの性格を他者との人間関係を例に挙げて、説明してください。

粘り強い。ゼミやサークルなどで意見がまとまらないときに、粘り強く話し合う。

設問5．大学生以降で、あなたが影響を受けた書籍、雑誌、漫画、映画を10個教えてください。また、その中でもNo.1の作品について、どのような点に影響を受けたのか、詳しく教えてください。

1. カラマーゾフの兄弟　○○○○訳
2. 映画　2001年宇宙の旅
3. ハコヅメ
4. 『○○』（女性ファッション誌）
5. 進撃の巨人
6. じゃりン子チエ
7. ベルサイユのばら
8. 映画　グリーンブック
9. 映画　マイ・インターン
10. おじさんのかさ

カラマーゾフの兄弟の訳は、とてもわかりやすく読みやすかった。

> 設問6．最近1か月で、最も気になったニュースと、それに
> 対するあなたの考えを教えてください。

皇室関係の婚約についてのさまざまな憶測情報。情報源がどこか知りたい。貴社の週刊誌で何度も取り上げられている。

●自己分析について

設問5は自己分析を相当やる必要があります。出版社を第1志望にする場合はとても重要です。

●エントリーシートについて

この数年の例でも、若干名の採用枠に約5000人の応募がある出版社です。エントリーシートは面接を意識して書きましょう。

アドバイス

エントリーシートは統一性が必要だといわれています。どんな自分をアピールしたいのか。就活仲間とよく話し合いましょう。

55 内定先：**出版⑧**

児童学習誌・文芸誌・ファッション誌・漫画雑誌などの雑誌、文学・実用書・図鑑などの書籍を刊行しています。

学科：国文学科
希望職種：編集

設問1．あなたが選んだ第1志望と第2志望の部門・職種および選んだ理由を説明してください。

- 第1志望　週刊誌　女性○○か週刊○○
  部数は減っているが、根強いファンがいる。

- 第2志望　アウトドア雑誌編集部
  アウトドアブームの先駆け的な存在だから。

設問2．当社が発行・運営するコンテンツに関する意見・感想を記入してください。

単行本にもっと力を入れた方が良い。

設問3．おすすめの本2冊の作品名と著者名、その本を紹介する推薦文を記入してください。

- 図鑑NEO〔新版〕恐竜(富田幸光)
  ビジュアルが良く、わかりやすい。

- ドラえもん(藤子・F・不二雄)
  夢がある。子どもの想像力がかき立てられる。

設問4．大学時代にのめりこんだことを2つ、具体的なエピソードを盛り込みながら記入してください。

　1つめはサークル活動「離島探検研究会」。無人の「離島」は危険度が高いので、人口1500人まではOKとハードルを下げて「離島」の候補を探し、探検した。学生という身分を明かすと、島の人たちは御馳走やら情報提供をしてくれた。海岸にキャンプすること

も自治会長にお願いして許可をもらった。

　２つめはボランティア活動。大学２年の夏は北海道にある競走馬の牧場でボランティアをした。馬の賢さを改めて知った。

> **設問５．自分の性格で好きなところ、嫌いなところを**
> **　　　　教えてください。**

　セールスマン的な愛想よくできるところが好き、かつ、ときどき嫌いになる。

> **設問６．あなたが家族以外で理想にしている人と、**
> **　　　　その人から学んだことを記入してください。**

　理想の人は高校時代の担任の先生。何事にも面白がる。１つの物
①
事に多面的な見方があることを教えてくれた。

> **設問７．この３年以内に購入したものの中で、最も大切な**
> **　　　　ものを、理由を含めて教えてください。**

　腕時計。イタリア製のもので、デザインが良い。秒針がなく、使いやすい。

> **設問８．あなたは10年後、どんな出版人になっていたいで**
> **　　　　すか。**

　出版人として恥ずかしくない知識を身につけたい。会社にも利益をもたらしたい。

> **設問９．当社ならではの「新規ビジネス」を教えてください。**

　通信制の国語や英語の学習塾。とくに地方の子どものために開きたい。

設問10. 出版業界以外に志望する進路があれば記入してください。また、そこで成し遂げたいことも教えてください。

　バンダイやタカラトミーなどのおもちゃ会社。１つのおもちゃを１人で作る職人気質の仕事は、出版編集とも共通する部分がある。ヒット作品を生み出したい。

●自己分析について

　この例では「高校時代の担任の先生」を挙げていて良いですが、理想の人で家族を挙げるのは安易すぎます。採用担当者は「考えるのに手を抜いたな」と受け取ることがあります。家族以外の人は徹底的に自己分析していたら出てくるはずです。

●エントリーシートについて

　出版社らしいエントリーシートです。ここでは割愛していますが「あなたのおすすめコンテンツと推薦文(作文)」「テーマ有りの作文(600字以内)」「自由課題」が課されています。作文２本は書きにくい作業ですが、これを乗り切ることで、エントリーシートが出しやすくなります。

アドバイス

　常識的なエントリーシートなので、志望順位が高い場合はなるべく提出しましょう。マスコミ塾に入るなど、大学以外で仲間を探して情報交換やエントリーシートの見せ合いをしましょう。

56 内定先：出版⑨

漫画雑誌・女性誌・男性誌・芸能誌・文芸
誌などの雑誌、新書や文庫などの書籍を刊
行しています。

学科：文学科
希望職種：編集・営業

設問1. 第1志望のジャンルでどのような仕事に関わりたい
か、雑誌名や企画などを交えて具体的にご記入くだ
さい。

● 小説○○編集部

　<u>10代の小説ヒーローを育てたい。</u>具体的には10代限定の小説・
①
川柳・エッセイの賞を年に2回作る。全国の高校の生徒会担当の教
員と国語の教員にチラシを郵送する。応募者の多い高校には編集者
が出向いて、その教員と意見交換する。

　1回目は20代の作家が選考する。

　2回目からは20代の作家と1回目の受賞者もWEB会議などで
参加して選考する。

　受賞者と作品は記者発表と新聞や有力な小説雑誌などに広告を出
す。テレビにもアピールする。

設問2. 第2志望のジャンルでどのような仕事に関わりたい
か、雑誌名や企画などを交えて具体的にご記入くだ
さい（150文字以内）。

● ○○文庫編集部

10代作家の本を世の中に多数出したい。

設問3. 第3志望のジャンルでどのような仕事に関わりたい
か、雑誌名や企画などを交えて具体的にご記入くだ
さい（150文字以内）。

● 書籍営業

全国の中小書店を回り、細かい売り上げや、年齢、職業を聞いて回りたい。

> 設問４．学生時代に力を入れたこと・得たものについて記入してください。

フランスロシア文学研究会。仏文、露文を軸に英国、ドイツの作品を読んで批評した。

> 設問５．当社の雑誌（アプリ・ＷＥＢ含む）を１つ選び、競合誌と差別化するための戦略を考えてください。

「小説○○」。夏に、小説甲子園大会を愛媛県の松山（夏目漱石）や兵庫県の城崎温泉（志賀直哉）など文豪ゆかりの土地を決めて開催する。対象は高校生。

> 設問６．これまでに、あなたが「１対１」で人と向き合った経験について教えてください（恋愛を除く）。

高校の担任。生徒会や大学受験や政治や文学などについて話した。定年間際の男性教員で、独身だった。皆でよく泊まりに行った。

> 設問７．あなたの人生の３大ニュース「第１位」を記入してください（50文字以内）。

英国への語学留学。ロンドンからのバスで、街並みを歩く「外国人」を初めて見て興奮した。

> 設問８．あなたの人生の３大ニュース「第２位」を記入してください。

母校が公立高校にもかかわらず、県大会で優勝して夏の甲子園に出たこと。

> **設問9. あなたの人生の3大ニュース「第3位」を記入してください。**

大学進学で上京したら、やたら「カツ丼」「トンカツ」の店が多かったこと。

> **設問10. あなたが自らの弱点や短所を克服し、「殻をやぶった経験」について教えてください。**

禁煙。数年前の誕生日に、「この後50年間吸い続けたら400万円のタバコ代がかかる」と思い、禁煙を決意。医師に通うことなく、成功した。しかし、喫煙者の彼氏にフラレてしまった。

> **設問11. あなたがこれまでに、当社の作品とどのように関わってきたのかを教えてください。**

『小説○○』連載の「○○」という作品。実家の長野県で、正月に地元の消防団に勧誘され、入団した。幽霊女性隊員として現在も名簿に載っている。この小説を読まなかったら消防団に関心を持てなかった。

> **設問12. 最近、あなたが気になって「深掘りしたニュース」と、それに対するあなたの意見・感想を書いてください。**

「過疎地に移住してくる若者」。過疎地出身の者として、そこへの移住は不思議だ。過疎地特有のプライバシーのなさ、つねに監視されているような感覚に何年も耐えられるのかと疑問に思う。

> **設問13. 興味のある雑誌・書籍・コミックス・その他エンタメ（映画、ドラマ、ＷＥＢサイト、ゲーム、音楽、展覧会など）を紹介してください。**

無名の同人誌、小説やマンガに興味がある。母が知り合いからもらったものを読んだところ、手作り感がなんとも言えなかった。

星座アプリ。見えない都会でも星座がわかるのが良い。

> 設問14. 課題「私は○○の三冠王です！」。下の枠内であな
> た自身が映っている写真を1～3枚使って、あなた
> の「(自称)三冠」を自由に紹介してください。

〔ウイスキー工場とビール工場と明太子工場でにっこり笑う自分の
写真〕 私は工場見学の三冠王です。お金をかけないで、楽しむ方
法です。

●自己分析について

　10代を応援したいという「入ってからやりたいこと」は良く書
けていますが、どうして出版社志望なのかを裏付けるような志望動
機を探るために、より深く自己分析をしましょう。

●エントリーシートについて

　難問中の難問というエントリーシートです。設問10の「殻を破っ
た経験」も難問です。ここでは割愛していますが、テーマ有りの作
文(600字以内)も課されています。

アドバイス

　人によっては作成に1週間以上かかるエントリーシートです。人
気の大手出版社ですが、志望順位が低い場合はエントリーから外す
ことも考えましょう。あなたが1年生や2年生なら十分時間がある
ので、今から準備しましょう。

4 章

エントリーシート
実例攻略［一問一答］

この章では、エントリーシートで「よくある質問」、参考に
しておきたい「ユニークな質問」に対する回答例を紹介しま
す。どの業界でも見かけるものなので、自分なりのアレン
ジを加えつつ、書く際の参考にしてください。

※各設問・回答は一部の例で、細かい表現
の違い等があります。また、固有名詞等
は書き換えている箇所があります。

学生生活で力を入れて
取り組んだことは？

ポイント　いわゆる「ガクチカ」を問う質問です。若手の離職に悩む企業側は、志望者が「短期間で辞めそうにない人物なのかどうか」をその質問で探りたいのです。

実例

部活やサークル、アルバイトなど、学生生活で力を入れて取り組んだことを教えてください。その際、ご自身が務めた役職や実績、活動内容も具体的に記載してください。

〈楽天グループ株式会社〉

潜水部に力を入れて取り組んでいた。

スキューバダイビングで海中や海底の動植物を観察した。合宿は毎年夏に沖縄の離島で行った。

私は副会長として、部活の裏方で備品の管理などをした。潜水の道具は膨大かつ高価なものもある。紛失していないかなどのチェックも合宿の前後に行う。それが一番大変だった。

評価とアドバイス

設問は多くの一般的な企業のものと同じなので、テンプレートを完成させておけば書くのは楽です。男女とも400人前後という大量採用です。

どの業務を志望するかは面接で聞かれますので、ＯＢ・ＯＧ訪問や会社説明会(オンライン含む)で研究しましょう。

例えば、「ＭａａＳ (Mobility as a Service)」と呼ばれるカーシェアやライドシェアのサービス事業にも、アメリカの配車サービス大手であるLyft(リフト)社への投資を通じて参加しています。

楽天銀行、楽天カード、楽天トラベルなど事業分野が広いので、どの事業に関心があるのか考えておきましょう。

学生時代に最も情熱をもって取り組んだことは?／当社への思い

ポイント 設問1は「ガクチカ」を問う質問です。当事者ではない採用担当者に対して、話の内容が伝わるように、エピソードはなるべく具体性を持たせたいところです。設問2は企業研究で本気度を示しましょう。

―― 実例 ――

設問1. あなたが学生時代に最も情熱をもって取り組んだこと、その経験から得たことについて、具体的にお聞かせください。

〈ヤンマーホールディングス株式会社 事務系〉

イベントサークル、大学の学園祭などで著名人を呼んで講演会をした。学園祭は11月前後に集中するので、早めに講演者を決めて、出演交渉をしないといけないが、サークルのメンバーの意見をまとめるのが大変だった。

また、人気サークルだったので幹事長になりたい者が多く(就活で有利になる)、その調整でも苦心した。

設問2(任意). ヤンマーに対するあなたの思いを自由に記入してください。

同族会社で非上場だが、OB・OG訪問をしたら堅実だという感想を持った。同業のクボタが本業と離れたリチウムイオン電池の部品の生産事業に乗り出した。それとは違う社風だと感じた。

評価とアドバイス

大阪に本社のある農耕機や船の船外機などのメーカーです。「同族会社」「非上場」はすぐにわかる事実ですが、「堅実経営」の社風は、より深い企業研究を行わないと把握できないので、良いアピールになります。

大学生活で力を入れた
アルバイトは？

ポイント アルバイト経験で「社会との接点」が問われます。業種・選んだ理由・きっかけ・動機・アルバイト代・稼いだお金を何に使ったかは、整理しておきましょう。

─ 実例 ─

> 大学生活で力を入れたアルバイトを最大２つ教えてください。
> （活動期間・頻度・業務内容）
>
> 〈株式会社トーハン〉
>
> ● **１つ目のアルバイト**
>
> 　６歳児の家庭教師。習い事を５つもしていて、さらに小学校のお受験の勉強をさせられている女の子を教えた。期間は１年間。頻度は週に１回２時間。
>
> 　<u>１年の後半は、その女の子のグチと悩みを聞く「人生相談」になっていた。</u>親の過大な願望は、子どもを押しつぶす危険性があると思った。
>
> ● **２つ目のアルバイト**
>
> 　酪農家での乳搾りなど。朝４時起床で12時間働いた。期間は夏に２週間。子牛が生まれるところを見せてもらった。感動的だった。

〔評価とアドバイス〕

　トーハンは出版取次の最大手です。上記の例のように、アルバイトについて細かく書かせる企業は少ないです。トーハンは志望者のアルバイト体験を重要視しているようですから、<u>自己アピールができるような、相手（人事や面接官）の印象に残るようなエピソードであればどんどん書いていくと良いでしょう。</u>

当社を志望する動機は？

自己分析で「なぜこの業界を志望するに至ったのか」を掘り下げ、企業研究で「業界にいくつも企業がある中で、なぜこの企業を選んだのか」を明らかにしておきましょう。

― 実例 ―

> 志望動機を教えてください。　　　　　　　〈セコム株式会社〉

● **第1希望**

ホスピネット（遠隔画像診断）が今後も伸びると思うので貴社を志望する。そのシステムを売る営業職を希望する。

● **第2希望**

マネージドセキュリティーサービスといわれている分野、コンピューターウイルスや不正アクセスのセキュリティーに関連するサービスも、今後も伸びると考えるため。

4章 エントリーシート実例攻略［一問一答］

評価とアドバイス

　セコムなど資金の潤沢な企業は、本来の業務から違う分野に進出しています。セコムでの一例がオンライン医療で、国内初の遠隔画像診断支援サービスを始めています。

　セコムのオンライン診療は「医師間助言」の分野で、一般の人が近所などのかかりつけの個人医院の医師を介して、専門家の医師のアドバイスを受けるものです。患者も多額の交通費や時間をかけなくても行けるメリットがあります。

　サイバーセキュリティーの分野でも、セコムは事業を拡大しています。もちろんアメリカのマカフィーやトレンドマイクロが大手ですが、それを追随しているといえるでしょう。

　この例の志望者は、短い文章ながらも上記のことを踏まえて答えており、よく企業研究をしていることが伝わります。

その部署を志望する理由は？

ポイント 前ページの質問からさらに掘り下げた質問です。より深い企業研究を行って、「この企業の中でも、とくにその部署を志望する理由」を具体的に回答できるようにしましょう。

― 実例 ―

> アクチュアリーコースの志望理由を教えてください。
> 〈株式会社りそな銀行 アクチュアリーコース〉

　私はＡ大の数学科に所属しており、卒業後もその知識を生かせ、かつ、大阪府ないし埼玉県や東京都で働きたいと思い志望した。

評価とアドバイス

　りそな銀行にはこのアクチュアリーコース以外にソリューションコース（法人相手に融資や企業のオーナーに事業継承や合併さらにコンサルティングなどをする）やカスタマーサービスコース（個人客相手）などがあります。ただし、入行の後に希望が通るのか、また、希望通りに配属されても、その後の異動はないのかなど、ＯＢ・ＯＧ訪問が可能なら確認しましょう。

※アクチュアリーコースは、顧客企業の年金制度などに関係して、確率や統計など高度な数理的知識を駆使して、資産運用をするものです。アクチュアリーとは保険数理士、保険数理人と呼ばれる専門職で、主に損害保険会社がゴルフ保険などで、例えば客がホールイン・ワンをしたときにかかる費用を払う際に「月々いくら保険料を徴収すれば採算がとれるか」を計算する人です。

その部署を志望する理由は？／
当社以外の志望先は？

ポイント 志望者の本気度を探る質問です。設問1は深い企業研究が必要です。
設問2は自社以外の志望先を聞くことで志望の一貫性を見ています。

実例

設問1． 第一三共のコーポレートスタッフを志望する理由を教
えてください。 〈第一三共株式会社 コーポレート職〉

- 1つ目 がんに強みを持つこと。
- 2つ目 iPS細胞の研究をはじめ、遺伝子治療などの今後発展
が見込まれる分野での活躍が期待されること。

設問2． 第一三共以外の就職希望先を教えてください。

- エーザイ 　　 コーポレートスタッフ職
- 武田薬品工業　総合職
- 中外製薬 　　 MR職

評価とアドバイス

設問1について、もっと具体的に書きましょう。がんについては
乳がん・胃がん治療薬の「エンハーツ」が米欧で伸びていることな
ど、『会社四季報』などを参考にして調べれば簡単に書けます。

ただし、この企業のホームページを見ても、なかなか客観的な価
値、市場での評価はわかりにくいでしょう。iPS細胞の研究も同
じです。できればOB・OG訪問をして、最近の業績や展望を聞い
ておきたいところです。

設問2については、このように同業他社を書くのが無難です。こ
こに銀行や商社などが入っていると「本当の志望業界は何だろう」
と人事担当者が考えてしまうでしょう。

現在、興味を持っている業界は？

ポイント 志望先を絞り込むにつれて、志望業界も限られてくるものですが、自己分析に立ち返って、「好きだった物事」「影響を受けた出来事」などから興味のある業界をもう一度探ってみましょう。

── 実例 ──

現在、興味を持っている業界（広告業界を除く）を、志望度の高い順に教えてください（最大3つ）。

〈株式会社博報堂 総合職〉

1．出版業界
2．エンタメ業界
3．製薬業界
　　①

評価とアドバイス

　前ページの実例とは違って、博報堂のエントリーシートでは「広告業界を除く」とわざわざ指定しています。

　この場合は面接に進んだときに、面接官に対して「どうしてその業界を好きになったのか」「注目している企業とその理由」などを理論的に説明できるよう、興味を持っている理由を考えておけば良いでしょう。

　出版社もエンタメ（映画、音楽、放送、芸能、ゲーム、レジャー、スポーツなど）も広い意味で、広告と同じマスコミ業界です。製薬①業界はまったく違う分野なので、とくに聞かれるかもしれません。注意が必要です。

入った後に取り組みたいことは？

ポイント 自己分析と企業研究に関わる質問です。自分が望んでいることと、その企業に入ってしたいこと・できそうなことを照らし合わせましょう。

― 実例 ―

> 農林中央金庫に興味を持たれた理由と入行後に取り組みたいことをお聞かせください。　〈農林中央金庫 総合職〉

北海道の札幌支店か東北の秋田支店、山形支店で勤務したい。

①生まれ育った東北の農協やそれを取り巻く地域経済の活性化に貢献したい。

評価とアドバイス

　農林中央金庫は、地域の農協の銀行部門を統括する組織です。本店は東京の大手町にあります。ニューヨークやロンドンに支店もあります。あなたの希望が海外ならキャリア職になります。地域職は基本的に国内の支店での勤務になります。

　最近は、（実家のある、大学のある）地元で一生を過ごしたいという希望が多くなりました。30年、40年前には考える人が少なかったことです。企業も退職者を防ぐために、一定のエリア（東北北海道圏、関東圏、関西圏、名古屋圏、九州圏など）でしか異動（転勤）しない人事スタイルを採用するところが増えています。

　これは配偶者との関係もあります。みなさんも「自分は地域職志望なのか」「東京の本社や海外でバリバリ働きたいのか」、人生設計を考えておきましょう。

興味ある当社の事業は？

ポイント 企業の実績や得意とする事業分野は、企業のホームページや『会社四季報』などで調べることができます。志望するなら答えられて当然の質問です。

実例

> 興味ある当社の事業、製品を教えてください。
> 〈信越化学工業株式会社〉

● 1つ目

フォトレジスト※の製造事業に興味がある。

貴社はフォトレジストの世界シェアの一角を占めている。半導体不足でクルマの製造が遅れるなど、世界経済に大きな影響がある。そのような重要な分野で働いてみたい。

● 2つ目

シリコンウエハーの製造。世界での市場占有率がトップの分野で仕事をしてみたい。

※半導体の細かい加工に使う塗布材

評価とアドバイス

企業の得意分野と世界シェアについて、言及できています。

シリコンウエハーのシリコンとは、砂から作った珪素のこと。アメリカのシンコンバレーのシリコンの由来です。ウエハーは半導体の薄い基盤のことで、信越化学工業の得意分野です。

この信越化学工業のように、一般的にはなじみがなくても、世界的には有名な企業が多くあります。エントリーシートを出す前にはOB・OG訪問や『会社四季報 業界地図』などで志望する企業の実績を調べておきましょう。

あなたの人生3大ニュースは？／
得意なことは？

―― 実例 ――

> 設問1．あなたの人生3大ニュースの第一位をお書きください
> 　　　（※あなたが主体的に行動したことやそれによって起
> 　　　こった事柄をお書きください）。
>
> 〈株式会社ホリプロ〉

　大学に四国の香川県出身の友人がいて、彼の地元まで会いに行っ
たことがある。レンタカーを借りて高松駅前で合流した。

　そこからクルマで小一時間の所にある三嶋製麺所に行った。山の
中の店でメニューもなく、ゆでたてのうどんに生卵を入れて、醬油
をかけて味付けするだけ。それでも人生で一番安く、美味しいうど
んだった。友人との親交もより深まった。

> 設問2．目的語と動詞を使って、あなたの得意なことを
> 　　　お書きください。
> 　　　例：○○を△△することが得意です。

　5種類の香辛料を自分が好きな市販のカレールーに加えて、「最
高の味」のカレーを自宅で作ることが得意です。

> 設問3．設問2のことをなぜ得意と感じるのか。もしくは
> 　　　それがよく表れたエピソードをお書きください。

　趣味は自宅（賃貸アパート）での料理だ。いかんせん、1人住まい
なので、料理すると余ってしまう。それでよく、友人を招いて夕食
会をする。

　夏はカレーが定番だ。好評なのは5種類の香辛料を専門店で買っ

てきて、市販の普通のカレールーに混ぜたもの。

　香辛料だけでは変な味になるので、市販のカレールーは必要だ。このカレーのおかげで彼氏ができた。

評価とアドバイス

　芸能プロダクション大手で、一般企業よりも具体的に、志望者の個人的なことを詳しく書かせています。

　３大ニュースでは個人の価値観がそのまま反映されるので、もしホリプロがあなたの第一志望群であるなら、古くからの友人や家族と雑談して、過去のエピソードを10〜20個以上に多く集めておき、自己アピールにつながるエピソードを厳選しましょう。

　設問３も、具体的に何度も「なぜ」と聞いてくる場合もあるので、漠然とした答えにとどめるのではなく、この場合でも例えば香辛料についてクミンやカルダモン、ターメリックなど具体名まで書くと「たしかに得意なんだろうな」と受け取られて、より印象的になるでしょう。

とくにエンタメ業界では、人間的な面白さやユニークさを感じさせるのも効果的です。その一方で、新聞を定期購読しているなど、社会常識を持っていることも要求されます。

あなたらしさを得た経験は？

ポイント 「あなたらしさを得るに至った経験」「とくにあなたらしさが表れている経験」は、自身を客観的に見る能力と自己アピールの能力が問われます。

― 実例 ―

これまでの人生の中で、あなたらしさを得るに至った経験、またはとくにあなたらしさが表れている経験について、簡潔に教えてください。

〈丸紅株式会社 総合職（グローバルコース）〉

● 1つ　英国留学。ロンドン大学に約1年留学した。大学の交換留学だった。滞在費が高額で、年間200万円必要で親に出世払いで借りた。

● 2つ　英国の日本料理屋で皿洗いと接客のアルバイトをした。日本人駐在員が飲みに来た。商社の人と親しくなった。

● 3つ　誰とでも仲良くなれる社交性で、ロンドンの日本人駐在員から誘われて、プライベートでゴルフに行ったりした。

（評価とアドバイス）

　社交性についてはよく表現されています。3つ目のゴルフについて、それが象徴されています。ゴルフはビジネスパーソン、とくに海外駐在員が、土日ではなく、夜にゴルフをして、土日は家庭サービスをするようになっているといいます。とくに東南アジアなどの暑いところではそうです。

　面接官に印象に残るエピソードをはっきり話して覚えてもらいましょう。とくに最終面接では、頭の優秀さや体力アピールではどの候補者も互角です。何か頭ひとつ抜けることを考えましょう。

最も自分を成長させた経験は?

ポイント 「自分を成長させた経験」「目指したゴール」「ゴールに到達するためにとった行動」は、目標を達成するためにどのような筋道を立てて行動するかが見られるシビアな質問です。

── 実例 ──

最も自分を成長させた経験について教えてください。記入する際は、活動した期間やその期間内での活動の質や量、目指したゴール、ゴールに到達するためにとった行動について具体的に記入してください。

〈ヤフー株式会社(現 LINEヤフー株式会社)〉

<u>高校時代3年間続けた陸上の砲丸投げ。</u>①
土日を除き、自主的に学校で朝練と、放課後は陸上部の全体練習をした。

　土日も、勉強やアルバイトの合間に自宅の近所を10kmを1時間かけて走った。早く走ったり、歩いたりと緩急をつけることで無理なく続けられた。

　目指したゴールは県大会や東海大会で上位に入り、インターハイに出ること。他校との合同練習も担任の先生にお願いして年に数回行い、刺激になった。

　<u>結局は県大会で3位、東海大会では8位で、インターハイには参加できなかったが、ぎりぎりまで自分を追い込むほどに努力したので悔いはない。</u>①

　ヤフーは人気のＩＴ企業の一角ですが、社員に聞くと経験者採用が主流です。これはアメリカ式で、他社でノウハウを修得した人を即戦力として採用するのです。

　アクセンチュア株式会社(総合コンサルティング)などの外資もそうですが、新卒者の社員教育は、日系企業に比べるとあまり行っていません。つまり、入社後に「教えてもらう」「育ててもらう」ことを期待するのではなく、自分で考えて行動する覚悟が必要です。ヤフーはかなり前から新卒の一括採用は廃止しています。また、新卒者を採用する場合でも「即戦力になり得るかどうか」という点から厳しく選別されるようです。

　設問は、自分を成長させた経験と、そこで自分がとった行動を「具体的に書かせる」という一般的なものです。

4
章

エントリーシート実例攻略【一問一答】

「経験者採用が主流」であることがわかっている企業を志望する場合は要注意です。新卒でも欧米への留学などユニークな学生経験があれば受けてみるのも良いでしょう。また、他の企業で経験を積んで、即戦力になるという自信がついてからチャレンジするのも一案です。もしかしたら、経験を積むために入った企業が好きになるかもしれません。その辺は柔軟に考えておきましょう。

転機となったエピソードは？／
あなたの夢は？

ポイント 設問1の「転機となったエピソード」は用意しておいた「自分史年表」の中から自己アピールにつながるエピソードを選びましょう。設問2と3も、自己アピールの能力が問われる質問です。

─ 実例 ─

> ## 設問1．自身の転機となったエピソードを自身の関わりを
> ## 交えて具体的に教えてください。
> 〈株式会社クボタ〉

　ゼミの林業体験で秋田の仙北市に行った。ゼミでは地方自治の行政学を学んでいる。ゼミのOBに仙北市の出身者がいて、その先輩が教授に働きかけて実現した。農林水産省の予算がつくので、東京と秋田の往復のバス代は無料だった。現地での宿泊は小学校の体育館なので、これも無料だった。作業は長靴と軍手、帽子などフル装備で、チェーンソーで木を切ったり、下枝を「枝打ち」したりした。

　このときに、田沢湖の地区の方からおにぎりの差し入れがあった。これが何とも言えないおいしさで、その夜の体育館での森林管理署の職員や農家、山林の地主さんとの宴会でもおにぎりをツマミに飲んだ。

　翌朝、小学校の周りの農地では貴社のトラクターが動いていた。私は地方の農家向けに営業の仕事をしてみたいと思う。

> ## 設問2．あなたの夢を、具体的に語ってください。

　都会の住民と地方の農家の交流だ。具体的には、東京の住民なら甲信越の過疎地で、地元農家の指導で自分の米や野菜、果物を栽培する。土日や夏休みに家族で行く。収穫はタイミングがあるので、もし行けなかったら農家の方に収穫してもらい、宅配便で送ってもらう。

設問3．あなたの魅力をひと言で教えてください。

　だれとでも話ができる。親戚が多かったので、中高年相手との会話にも慣れている。

評価とアドバイス

　農耕機の国内大手メーカーです。設問は、転機、夢、魅力とソフトなイメージです。書きやすいと思います。それだけにエントリーシート提出者は多いでしょう。

　これらの質問はどの業界のエントリーシートでも見られますので、「自分史年表」はぜひつくって、自己分析しておいてください。また、つくったあとも友人や家族に見せて話し合い、ブラッシュアップしておきましょう。

この例では、
「地方の農家向けに営業の仕事をしてみたい」
「都会の住民と地方の農家の交流だ」
「中高年相手との会話にも慣れている」
と３つの設問すべてでうまく志望先にマッチした自己アピールができています。

あなたの意外なエピソードを
教えてください。

ポイント　「意外なエピソード」もよくある質問です。自己分析の「自分史年表」を作成しておけば、その中から選ぶことができます。人の興味を引きそうなエピソードを選ぶ必要があります。

―― 実例 ――

思わず人に話したくなる、あなたの意外なエピソードを、タイトルをつけて教えてください。

〈株式会社TBSテレビ〉

「一見、まずそうなチャンポン麺」
①

　神戸の中華料理店に行ったときのことだ。チャンポンとラーメンをミックスしたチャンポン麺がおいしかった。中華丼のご飯が麺になっているものだ。麺はさらっと炒めてある。

　店内はカウンター6席、2人並んで座るテーブルが2つと狭いが混んでいた。初老のマスターが一人で切り盛りしている。

　確かに味は良い。でも、こんなに狭くて汚い店でも流行っていることが意外だった。味がすべてだと思った。「汚い＝まずい」ではない。それに気づいた私も意外だった。

評価とアドバイス

　上記は内定者の実例ではありますが、これはエピソードというより体験です。味を伝えるのは難しいので、会話などを文に入れてよりわかりやすくすると良いでしょう。

　また、この実例の場合はテレビ局のエントリーシートなので、タ
①
イトルからより凝ったものにしても良いでしょう。「企画書」を想定して、考えてみてください。

教訓と失敗談は？／
危機の乗り越え方は？

ポイント 質問をしている企業の性質によっては、志望者のユニークな「物事の見方」を期待した質問かもしれません。その点に気を付けましょう。下は優等生的な回答例です。

― 実例 ―

> 設問１．あなた自身の「教訓」と、それにちなんだ「失敗談」
> を具体的に書いてください。 〈株式会社テレビ朝日〉

「違和感を少しでも感じたら、すぐ立ち止まれ！」

　熱っぽいと感じたにもかかわらず、アルバイトに行った。ドタキャンで店に迷惑をかけたくなかったからだ。しかし、案の定、症状は悪化した。それでもホールスタッフのアルバイトとコンビニのレジ係のアルバイトを連続でやった。家で検温すると39℃だった。

　違和感を覚えたら立ち止まる。それが大切だ。もしインフルエンザなどであれば、他人にうつすことになるからだ。

> 設問２．あなたは、とある会社の新入社員です。ある日、
> あなたのミスでないことで上司から注意を受けました。
> この危機をどのようにして乗り越えますか。

　まず、「申し訳ありませんでした」と謝罪をする。その次に自分のミスではないことをゆっくり冷静に説明する。

　理解を得ることができたら、ミスの原因を遠回りに聞いてみる。

（評価とアドバイス）

　設問１は、優等生的な「回答」といえるでしょう。ただし、テレビ朝日の人事が期待しているものからは遠いかもしれません。

　設問２は、新人の扱いに苦労する人事、会社側の発想から生まれた設問で、学生の対応をこの設問で探っているのかもしれません。

記者になりたい理由は？／
気になった記事は？

ポイント 設問1の「○○になりたい理由」は、「なぜ当社を志望するのか」「その部署を志望する理由は何か」と同類の質問です。設問2の「気になった記事」は企業研究の一環です。

── 実例 ──

> 設問1．毎日新聞の記者になりたい理由を書いてください。
> またどのような取材・テーマに取り組みたいかを
> 書いてください。
>
> 〈株式会社毎日新聞社〉

　なりたいと思った理由・きっかけは、日雇い労働者の町として有名な、横浜の寿町でのフィールドワークだ。

　社会的弱者の実態を、現地で炊き出しの支援をするＮＰＯの方の案内で知ることができた。
①

　かつての暴動や仲間同士の喧嘩はなりを潜めていた。町の住人の高齢化が原因だという。

　記者になって取材して、記事の形で発表していきたい。

> 設問2．最近、あなたが気になった記事とその理由を書いてください（冒頭に媒体と日付を記入してください）。
> （400字以内）

「毎日新聞」　仲畑流万能川柳　毎日掲載
②
　祖父が毎朝４時に朝刊が届くと、真っ先にこの欄を読んでいた。その時間は、私が徹夜の勉強明けで寝る頃だ。祖父から勧められて読んだ１、２句が面白かった。政権や富裕層への批評や家族への嫌味を上手にする句が良いと思う。

　毎日新聞は日本最古の新聞(前身は東京日日新聞)です。部数は戦後の一時期までは日本一でした。経営の失敗で朝日や読売に抜かれましたが、全国紙として現在でも3位につけています。新卒で20人ほどを定期的に採用しています。

　新聞は、マスコミの中では出版社と放送局に次ぐ人気業種です。また、社会への問題意識を持つことを強く要求されます。そうでないと、厳しい仕事(労働時間が不規則)についていけません。

　なお、多くの新聞社(全国紙)では、入社して4〜5年間は地方勤務です。かつ全国紙の場合、転勤先の支局は日本各地にあります。

　設問1はどの社でもあります。弱者の立場に立つのが新聞ジャーナリズムの基本なので、これで良いでしょう。①

　設問2はできれば連載記事を取り上げるのが望ましいでしょう②(回答例は実在の連載記事を挙げています)。

　また、どの社もそうですが、新聞協会賞の受賞を「自慢」します。それに触れるのも効果的です。

　最近では安倍元首相の銃撃直後の写真が特ダネとして、毎日新聞は新聞協会賞を受賞しています。

　写真を仕事としていきたい場合は、新聞の写真記者は一般記者とは別採用ですので、受けてみましょう。

　写真記者の仕事として、古くは2000年の「旧石器発掘ねつ造事件」のスクープがあります。

これまでの人生について(自分史)

ポイント 本書では「自分史年表」を自己分析の一環として作成するよう推奨していますが、この例のように、エントリーシートで自分史を課す企業も少ないながらあります。

―― 実例 ――

> **あなたのこれまでの人生について、概略をまとめてください。**
> **(自分史、2,000〜2,500字数の字数指定あり)**
> 〈三井物産株式会社　担当職(総合職に相当)〉

　大阪の豊中というところで生まれた。父は銀行員で、私が生まれた後に関東へ異動になった。

　神奈川の湘南地区で育った。中学時代は生徒会役員とサッカー部をやった。生徒会は顧問の先生が面白かった。

　先生は大学卒業後に2年間、インドやネパールなどの南アジア、タイ、ミャンマー、ベトナム、台湾などの東南アジアを旅行していたそうだ。

　先生は学生紛争の最後の世代だったという。先生は早大生だったがストライキや学校封鎖などで授業がなく、学校に行けなかった。時間を持て余していたために、かねて夢だった海外旅行に行ったのだ、という。それも団体旅行ではなく1人旅で「ヒッピー」のようなことをしていたという。その冒険談をいつも聞かされていた。その影響が大学時代の私に、海外に行かせることとなる。

　高校は相模湾に一番近いといわれた高校で、授業は最低限の成績にとどめた。原付免許を取ってすぐあちこちを1人で走った。

　高校でも、海外旅行経験豊富な先生を見つけては話を聞いた。部活はしなかった。というのも、このころ父ががんになったのだ。

　父はずっと家で療養している。父のことが何となくうとましく、家に居たくないので駅前のマクドナルドでアルバイトをしていた。

　母はパートに行き、働きづめだった。父の病気で家計は苦しく、

小遣いは自分でアルバイトで稼いだ。姉も大学に進学したが、奨学金をもらっていた。お金の余裕がなく、大学は国立と私立の１つずつだけを受けた。何とかぎりぎり合格した。貧困家庭のため、返済不要の奨学金をもらった。

語学はスペイン語を専攻した。１年生のときに父が亡くなった。私も湘南から出て、都心に木造のアパート（四畳半）を月２万5000円で借りた。

都心の方が、アルバイト先が豊富で時給も良かった。大学にも通いやすい。無精ものの私は、卒業のための単位をとるためには大学の近所に住んで出席率を上げた。都心では目いっぱいアルバイトをして、月に12万円を貯金した。その資金で１年の春休みから３年にかけて中南米を何度か１人で旅行した。

姉がＪＡＬの地上職に就職した。それで成田からバンクーバー経由メキシコシティ行きの航空券をもらった。

メキシコでスペイン語を少し慣らして、バスで南下した。

<u>パナマなどを寄り道してコロンビアに着いた。</u>
①<u>私の旅行の目的はベネズエラに行くことだった。最終目的地のベネズエラは、政情不安定で危険だった。コロンビアの隣国だったため、コロンビアから陸路で入った。</u>帰りはチリやアルゼンチンを回って、ブラジルから最後はキューバに行き、帰国した。

中南米の各国でドミトリーという相部屋の宿で白人のバックパッカーとひたすら情報交換を行った。

何でもベネズエラは「中南米で最も危険」というのが各国のバックパッカーの共通認識だった。

中南米全体にいえるが、日本人の１人旅行客は少ない。地球の反対側にあり、行くのに時間がかかるのだ。

情報が不足しているので、食堂やパブやバルみたいなところで現地人の友人を作った。同じスペイン語でも方言はある。私は紙に文字を書いたり、スペイン語版のＬＩＮＥで意思疎通をしたりした。

さらにはコロンビアに長く滞在するために日本食の店でアルバイ

トをした。そこの社長にも気に入られ、現地人を紹介してもらい、そして親しくなった。現地人の「親友」に国境までクルマで送ってもらった。陸路での入国には5時間待った。長蛇の列だった。

　2週間のベネズエラ滞在で、カメラを強奪されたり、女性から脅されたりした。命からがらまたコロンビアに陸路で戻った。

　就職にあたり、夢は新聞社の海外特派員か、商社の海外駐在員を考えている。

　私は臨機応変な情報収集が得意だ。特派員、海外駐在員どっちにも適性があると考える。

　帰りに寄った社会主義国のキューバは驚いた。

　物価も安い、治安も良い。私の趣味はバイクだが、乗用車も好きだ。その両方のクラシックカーがたくさん走っているのだ。アメリカによる禁輸措置のためらしいが、古いクルマを修理しながら走らせているのはエコの観点からも良いのではないかと思った。日本のバイクと比べるとブレーキのペダルが左右逆でびっくりした。たった5日の滞在だったが、社会主義という体制でも（マスコミを通じて知っている）偏見があることがわかった。何事も現地でこの目で確かめないといけないとわかった。

(評価とアドバイス)

　豊富な海外経験を熱くエントリーシートで語っています。コロンビアからベネズエラへの陸路での入国は危険な行為と思われるので(人事や面接官からの質問に十分に説明できるように想定問答集を作るなどして)注意しておきたいところです。

　商社でも、例えば天然ゴムの担当者はアフリカなどのフランス語を公用語とする国に行きます。語学の修得には会社のお金で(フランス語の場合は)パリなどに語学留学をさせてくれます。

　つまり、そんなに語学のエキスパートでなくても良い場合があるので、OB・OG訪問などをしてその点を聞いておきましょう。

面接で話したいトピック5つ

ポイント 面接を受けるのはエントリーシートが通った後のことですが、「話したいトピック」は企業研究を深く掘り下げておかなければ提示できないことです。本気度と事前に準備をしておく能力が問われます。

実例

> あなたが面接で話したいトピックを教えてください。（最大5つ）
> 〈住友商事株式会社 プロフェッショナル職〉

- 1つ：レアメタルの担当の駐在員はどこの国のどの地区にいらっしゃるのでしょうか？
- 2つ：スタートアップ企業に対する投資はどの分野が多いのでしょうか？
- 3つ：スマートフォン関連事業の部署はどこでしょうか？
- 4つ：子どもが生まれた際の特別手当が貴社にはありますか？
- 5つ：社内のサークルみたいなもの、例えばゴルフ部などはありますか？

評価とアドバイス

就活ではよく面接の最後に企業側から「最後に何か質問はありますか」と聞かれます。これは「逆質問」というもので、ここで上手に質問できるかどうかで、評価が大きく変わります。しかし、エントリーシートの中で逆質問をする例はとても珍しいです。ある程度相手企業のことを調べておかないとピンポイントな逆質問はできません。ＯＢ・ＯＧ訪問で「会社のトピック」をよく聞きましょう。

ただし、社宅などの福利厚生面の待遇やジョブローテーションなど、普通の疑問点は会社説明会などで聞いているはずです。

あなたの独自の質問を考えましょう。経営方針でも良いでしょう。

※同社のプロフェッショナル職は、他の企業の総合職と見なせます。

4章
エントリーシート実例攻略［一問一答］

あなたにとって共生社会とは

ポイント 企業側がその質問を投げかけている意図を読み取る必要があります。「正解は無い」と書いてありますが、企業のホームページなどを読み込んでヒントを見つけてください。

┌─ 実例 ─

> あなたにとって共生社会とはどんな社会ですか。そこに暮らす人やパートナー・アニマル（ペット）の生活がイメージできるように、可能な限り具体的にお書きください（正解は無いので、ご自身の想いを自由に表現してください）。
>
> 〈ユニ・チャーム株式会社〉

「生活が豊かになったからペットを飼うようになった」と祖父は言うが、実際は年収は関係ないのではないか。

　例えば、事情があって子どもがいない夫婦が飼う場合もある。ドイツに行ったときに、電車に犬が一緒に乗車してきて驚いた。公共交通機関は無料で利用できるのだという。これも文化の差なのか。日本では人間の髪の櫛が百均で売っているのに、犬の櫛（金属製）は最低でも2,000円はする。ただし、今後は飼い主の生活水準に沿うような、安いペット用品が売れるだろうと思う。

評価とアドバイス

　上の例は内定者のものです。ただし、「自由に表現してください」とありますが、脈絡もなく書くのはやめた方が良いでしょう。この場合はユニ・チャームがわざわざ使っている「パートナー・アニマル」という言葉を使い、それとの共生をどうするのかを書くべきでしょう。無難なのは「生き方が多様化している」「若者のアフター５を望む声」「プライベートな時間が多い会社や職種が望まれる傾向」などの社会背景を入れることでしょう。

ローカル局にどのような未来を描くか

ポイント 若い人たちの自由な発想や未来を描く力を求めている、企業側の切実な思いが伝わる質問です。「今まで何をしてきたか」「これから何ができるか」と深い企業研究が必要です。

― 実例 ―

> メディアの多様化が進んでいます。
> ローカル局にどのような未来を描いていますか。
>
> 〈北海道文化放送株式会社〉

　ＳＮＳに若者が流れているが、まだまだ音楽番組やローカルの話題満載のＤＪ番組は人気だ。とくにスマートフォンのアプリ「radiko」でも聞けるラジオは、他の作業をしながらでも聞けるので、需要は高いと思う。

　話題を若者向けにして、ローカルの話題もふんだんに取り入れて、①みんなの「自分の周り（大学など）で流行っているネタ」を紹介すれば、人気が広がると思う。

評価とアドバイス

　「ローカルの話題」とは何を指しているのか、もっと具体的に書①くと良いでしょう。例えば、「地元の大学・高校の合格発表」や「合格者へのインタビューを放送する」など、より明確に、具体的に書くことを心がけてください。10人程度の友人にマイブームを聞いてみるのも良いかもしれません。身近な友人のマイブームは「ローカルの話題」の１つです。

　また、その局で過去にヒットした番組を、ＯＢ・ＯＧ訪問などでさらに調べておきましょう。他局ですが『水曜どうでしょう』などのヒット番組も見ておきます。

局の資源を使って
お金をもうけるには

ポイント テレビ局の現状（経営資源・資産・強み）を把握していなければ回答できず、また、テレビ局員としての発想力・企画力も問われる、高度な質問です。

─ 実例 ─

> テレビ局のアセット（経営資源　資産　強み）を自由に使ってお金もうけするなら何を企画しますか。
>
> 〈中京テレビ放送株式会社〉

　知名度や公共性を生かす。番組とコラボして「○○甲子園」というタイトルでビジュアルなものを競う。

　例えばお面をかぶり「剣道」をする。竹刀でなく新聞紙を丸めた棒か大きな筆を使う。先に墨汁をつけて相手の面に先に墨汁を塗ったものが勝つ。

　「高校生の甲子園」「中学生の甲子園」など大会を広げていく。

　参加費を取れば赤字にはならない。場所はテレビ局の前か局の施設を使う。
①

(評価とアドバイス)

　中京テレビ放送は自社制作の番組が好調です。そこは企業研究で把握していると思うので、もう少しお金のかかる企画を考えてもよいかもしれませんが、上記の回答者は、お金のかからない企画にこだわって考えたようです。ただし、どう参加者を集めるのか、テレビＣＭや高校へのチラシ配布など、その準備に時間とお金がかかるので、そのことまで考慮に入れる必要があります。

人生で一番怒られたエピソード

ポイント テレビ局員としての発想力・企画力が見られる質問です。ただし、怒られたエピソードがどう受けとられるか、その内容の限度は考えておいてください。

--- 実例 ---

> 人生で一番怒られたエピソードを教えてください。
> 〈関西テレビ放送株式会社〉

母から「けえへんかったらええのに（来なかったらよかったのに）」と怒られたこと。

私は高校生のときに家族でアメリカに行った。たまたま小さなクルーズ船に乗った。そのときのことだ。船酔いになった。現地の日本人スタッフに酔い止めのクスリを渡され飲んだ。なんの疑いもなく飲んだ。これが失敗だった。外国のクスリは小柄な日本人には強いらしい。私はさらに体調を崩した。3日間ホテルで寝ていた。家族はスケジュール通りに楽しんでいた。

母は高い旅行代を払っていたのにと、私を許せないらしい。体調管理も自己管理のうちだと私を罵った。海外の医薬品には注意をしたいとキモに命じた。

評価とアドバイス

人間性をあぶり出す設問です。

自分は悪くないと思っていても、結果的には迷惑をかけることがある典型例です。ただし、迷惑をかけたことの自覚ができていて、「(今後は)注意をしたいとキモに命じた」と、反省はしています。

こういうエントリーシートの設問も放送局ならではなのかもしれません。

今年一番笑った出来事

ポイント クリエイティブな業界ならではの質問でしょう。物事を面白くとらえる能力や観察力が問われます。

--- 実例 ---

> 今年、一番笑った出来事を教えてください。
>
> 〈株式会社毎日放送〉

ある夏の夜、電車で見かけた、同じ年頃のグレーのロングスカートに白のブラウスで着飾った女性が大きな口を開けて寝ていたこと。それも器用に体をひねるようにして寝ている。スマートフォンはしっかり左手に握っている。デート？　仕事？　に疲れたのだろうか。

評価とアドバイス

観察力があります。女性がしっかり握っているスマートフォンは落としたくないのでしょうか。靴や服のブランド、髪型などより細かい描写があるとより良いでしょう。

この設問は、マスコミではたまにあります。友人に聞いておくことも必要です。ドラマやアニメの中の「笑えるシーン」をノートにメモしておくと良いでしょう。

解決したいと思う
社会や地域の課題

ポイント 報道を担う企業としての真面目な質問です。課題・テーマを見つける
能力や問題意識が問われます。

--- 実例 ---

> あなたが解決したいと思う、社会や地域の課題。その理由や
> 考えを教えてください。
>
> 〈九州朝日放送株式会社〉

　<u>頻発する災害にどう備えるのか。過去に、個人や世帯が取った行
①
動や準備を検証する。</u>理由はビジュアルな放送だと伝わりやすい。
視聴者はすぐ実行できる「知恵」みたいなものを必要としていると
思うから。

評価とアドバイス

　災害・防災関連の番組はＮＨＫが放送しそうなので、<u>どこで民放
①
らしさを出すか。</u>備品などに普段から付き合いのあるスポンサーの
協力を仰ぐ、同社のある福岡県下の自治体に取材して知恵を借りる
など、考えましょう。自治体に災害支援物資を拠出できる企業を探
すのも良いでしょう。

> ユニークな質問でも、
> テーマに応えるだけでなく、
> 自己アピールに努めましょう。

モチベーショングラフ

　テレビ番組の制作会社に、共同テレビジョンという会社があります。有名なところでは、ＮＨＫの『チコちゃんに叱られる！』はこの会社が関わっている番組です。

　共同テレビジョンのエントリーシートで「０歳から現在までのモチベーショングラフ」を書くことが求められたことがありました。下の図のように「人生山あり谷あり」で、自分の有頂天な（充実感があった）ときを上に、受験勉強などで気持ちが落ち込んだときを下にして、右から左に向けて波線か折れ線のグラフを描きます。

　これは自分史をグラフ化したようなもので、今後は採用する企業が増えるかもしれません。就活サイトなどでもさまざまな実例が出ているので、目を通しておきましょう。

●モチベーショングラフの一例

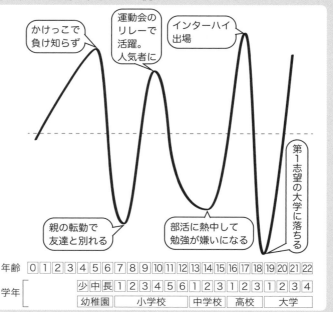

自分史作成用年表

「自分史年表」を作成する際に思い出しやすいように、あるいは親や親戚、祖父母などに取材をしやすいように、みなさんが生まれる少し前から最近までに起こった事件や事故、政治的な出来事を年表にまとめました。この年表に挙げていない、自身にとって重要な出来事も書き加えておきましょう。

自分史作成用年表　みなさんが生まれる少し前から現在まで

平成12(2000)年

西鉄バスジャック事件。ウラジーミル・プーチン、ロシア連邦第2代大統領に。九州・沖縄で第26回主要国首脳会議。シドニー五輪、高橋尚子が女子マラソンで優勝。イチローがシアトル・マリナーズと契約。野手では日本人初のメジャーリーガーに。

平成13(2001)年

21世紀に突入。ジョージ・W・ブッシュ、第43代アメリカ合衆国大統領に就任。「えひめ丸」事故、森首相退陣。ユニバーサル・スタジオ・ジャパン開園。小泉純一郎内閣発足。明石花火大会歩道橋事故。H-ⅡAロケット1号機打ち上げ。東京ディズニーシー開園。9月11日、アメリカ東部において同時多発テロ事件(日本人24人を含む約3000人が死亡)。

平成14(2002)年

サッカーW杯日韓大会、日本はベスト16。多摩川でアゴヒゲアザラシの「タマちゃん」人気に。H-ⅡAロケット3・4号機打ち上げ。小泉首相、日本の首相として初めて北朝鮮を訪問。金正日総書記が日本人拉致を公式に認める。日本初のノーベル賞W受賞(小柴昌俊が物理学賞、化学賞が田中耕一)。

平成15(2003)年

イラク戦争勃発(終結は2011年)。スペースシャトル・コロンビア号、帰還時に事故。日本郵政公社発足。小惑星探査機「はやぶさ」打ち上げ。沖縄都市モノレール線(ゆいレール)開業。中国でSARS(重症急性呼吸器症候群)が発生、世界に広がる。JAXA(宇宙航空研究開発機構)設立。地上デジタルテレビ放送開始。

平成16(2004)年

帝都高速度交通営団が民営化、東京地下鉄(東京メトロ)に。アテネ五輪、男子体操団体で28年ぶりに優勝。野口みずきが女子マラソンで優勝。新潟県中越地震。新紙幣(日本銀行券E号券)3種発行。

平成17(2005)年

「愛・地球博(愛知万博)」開催。JR宝塚線(福知山線)、尼崎で脱線事故(死者107人、戦後最大級の鉄道事故)。プロ野球、セ・パ交流戦開幕。小泉純一郎が郵政民営化を公約した「郵政選挙」で圧勝。小泉チルドレン初当選。道路関係四公団が民営化、首都高速道路株式会社など6社に。

平成18(2006)年

ライブドア事件。トリノ冬季五輪。荒川静香が女子フィギュアスケートで華麗なイナバウアーを披露、日本人初の優勝。ワンセグ開始。第1回WBCで日本が優勝。第1次安倍晋三内閣発足。郵政民営化で日本郵政株式会社が発足。

平成19(2007)年

初代iPhone発表。防衛庁が防衛省に移行。「ニコニコ動画(β)」のサービス開始。ニコラ・サルコジ、第23代フランス大統領に。新潟県中越沖地震。ボーカロイド「初音ミク」発売。福田康夫内閣発足。守屋武昌元防衛事務次官、収賄で逮捕。

平成20(2008)年

護衛艦あたご漁船清徳丸衝突事件。ドミートリー・メドヴェージェフ、第3代ロシア連邦大統領に。ミャンマーにサイクロン、死者10万人超。中国四川省でM8の大地震。秋葉原で通り魔殺人事件。宮﨑勤らに死刑執行。岩手・宮城内陸地震。北京五輪。サブプライムローン問題を発端にリーマン・ショック発生。麻生太郎内閣発足。

平成21(2009)年

バラク・オバマ、第44代アメリカ合衆国大統領に。H−ⅡA15号機打ち上げ。イラン、衛星打ち上げに成功。米ロの人工衛星が衝突。WBC第2回大会で、日本が2連覇。イラン大統領選挙。アルバニアとクロアチアがNATO加盟。第45回衆議院議員総選挙で民主党が308議席の歴史的圧勝。鳩山由紀夫内閣発足。

平成22(2010)年

ハイチ地震、死者約20万人。バンクーバー冬季五輪。ワシントン条約会議で、大西洋・地中海産クロマグロの国際商業取引禁止案否決、漁業資源問題が注目される。サッカーW杯南アフリカ大会開催。中国で青海地震(死者約2700人)。上海万博。菅直人内閣発足。尖閣諸島付近で中国の漁船が、海上保安庁の巡視船に衝突。

平成23(2011)年

チュニジア・エジプトで独裁政権崩壊、周辺諸国にデモが飛び火。ニュージーランドのクライストチャーチで2月に地震、日本人留学生ら多数犠牲に。3月11日に東日本大震災。福島第一原発で爆発・放射能漏れ事故、関東などで計画停電(震災関連死を含めた死者・行方不明者は2万2千人超)。ウサマ・ビンラディン殺害。サッカー女子W杯ドイツ大会で日本代表が初優勝。タイで大水害、現地日本企業などに打撃。リビアのカダフィ殺害。北朝鮮の金正日死去。

平成24(2012)年

東京スカイツリー竣工。プーチン、第4代ロシア連邦大統領に。東北3県（岩手・宮城・福島）の地上アナログ放送が終了。復興庁発足。LCCのピーチ就航。金環日食。東京スカイツリー開業。ロンドン五輪。尖閣諸島国有化。山中伸弥・京大教授、ノーベル生理学・医学賞受賞。第46回衆議院議員総選挙、自民党294議席獲得。第2次安倍晋三内閣発足。オランド、フランス大統領に。オバマ再選。

平成25(2013)年

アルジェリアでテロ事件、日揮関係の日本人10名殺害ほか、死傷者多数。ロシアのウラル地方で隕石落下。ローマ教皇ベネディクト16世退位。生前の自主退位は719年ぶり。第266代教皇にアルゼンチン出身のフランシスコが就任。アメリカ大陸出身者としてもイエズス会出身者としても初、欧州以外の地域出身者は約1300年ぶり。WBC第3回大会でドミニカ共和国が優勝、日本はベスト4。

平成26(2014)年

ロシア・ソチ冬季五輪。ロシアがクリミア半島へ軍事介入、ＥＵとロシアの対立が続く。マレーシア航空機が南シナ海洋上で消息を絶つ。ウクライナで航空機撃墜など、航空機の事故・事件が続く。消費税が5％から8％に。サッカーW杯ブラジル大会。御嶽山噴火で死者58名、行方不明5名。

平成27(2015)年

ISIL（イスラム国）による日本人誘拐・殺人事件。北陸新幹線、長野―金沢間開業。天皇・皇后、パラオ初訪問。大阪都構想、大阪市住民の反対多数で否決。箱根山・浅間山・口永良部島など、火山活動活発化。公職選挙法改正案、可決成立。こうのとり5号機、打ち上げ成功。豪雨で鬼怒川堤防決壊。

平成28(2016)年

大相撲で10年ぶりに日本出身力士の琴奨菊が優勝。TPP協定署名。日銀がマイナス金利政策。中垣清介、アカデミー科学技術賞を受賞。小澤征爾、第58回グラミー賞でオペラ・レコーディング賞を受賞。北海道新幹線が新函館北斗まで開通。熊本地震発生。英国が国民投票でＥＵ離脱を決める。

平成29(2017)年

ドナルド・トランプ第45代アメリカ合衆国大統領、TPPからの離脱を決定。大相撲1月場所で稀勢の里が優勝し、日本出身力士としては19年ぶりとなる横綱に昇進、3月場所でも優勝。東芝の原子力事業などの不正経理問題が発覚、事業を大幅縮小（2023年には上場廃止を決

め、株式市場での74年の歴史に幕）。「天皇の退位等に関する皇室典範特例法」が成立。桐生祥秀、陸上100m走で日本人初の9秒台（9秒98）。

平成30(2018)年

平昌（韓国）で冬季五輪、日本は金4・銀5・銅4で過去最多のメダル獲得。大阪で「民泊殺人」、営業許可のない闇民泊が増加、社会問題に。板門店で文在寅・韓国大統領と金正恩・朝鮮労働党委員長が史上3度目の南北首脳会談。本庶佑・京大特別教授、ノーベル生理学・医学賞受賞。平成30年7月豪雨（西日本豪雨）。オウム真理教事件、松本智津夫ら7人に死刑執行。北海道胆振東部地震。

平成31／令和1(2019)年

第125代天皇、平成31年4月30日に退位。元号が令和に。天皇の即位礼正殿の儀が行われる。米朝会談がハノイや板門店で行われるも実質的に決裂。神戸の市立小学校で教員同士のいじめ事件が発覚、翌年2月2人の教員が懲戒免職。台風19号が関東甲信東北を通過、甚大な被害。吉野彰、ノーベル化学賞受賞。

令和2(2020)年

英国、EUを離脱。中国から新型コロナウイルス感染症（COVID-19）が世界中に広がる。安倍首相は緊急事態宣言を発出。安倍首相辞任、菅義偉官房長官が後継に。

令和3(2021)年

第46代アメリカ合衆国大統領に民主党のジョー・バイデンが就任。副大統領のカマラ・ハリスは女性初。菅義偉首相が2回目の緊急事態宣言。東京五輪が1年遅れで開催、過去最多の金メダルを獲得。菅首相辞任。岸田文雄が首相に。真鍋淑郎、ノーベル物理学賞受賞。

令和4(2022)年

北京冬季五輪、平野歩夢などが活躍。ロシアのウクライナ侵攻。急激な円安で物価上昇。安倍元首相が奈良で遊説中に射殺される。容疑者の供述が社会問題に。

令和5(2023)年

政府が新型コロナ感染症の5類への分類を発表、観光需要が戻る。インバウンド需要も復活の兆し。食品や電力料金の大幅値上げで、家庭に打撃。車椅子テニスの国枝慎吾選手が引退、国民栄誉賞を授与。パラ競技での栄誉賞は初めて。WBC第5回大会で、日本が14年ぶり3度目の優勝。大谷翔平が大会MVP。藤井聡太九段（当時21歳）が史上初の八冠制覇を達成。プロ野球の日本シリーズで阪神対オリックスの59年ぶりの「関西ダービー」（1964年は阪神対南海）。

■ **阪東恭一**（ばんどう・きょういち）　経済ジャーナリスト。元毎日新聞・朝日新聞記者

　1957年生まれ。早稲田大学第一文学部社会学科卒。新潮社に入社。週刊新潮編集部に編集者として5年在籍、政治、事件などを主に担当。1986年、毎日新聞社に入社、サンデー毎日記者・船橋支局・千葉支局記者に。さらに1988年、朝日新聞社に転職し、東京社会部で活躍。その後フリージャーナリストとして金融・経済問題で活躍。

　就職活動の指導としては、一橋大学、立正大学、東海大学、琉球大学、早稲田マスコミセミナーで講師を務めたあと、1992年に「阪東100本塾」を設立。2023年4月までに、内閣府（国家公務員）、JT、JTB、JR東日本、電通、三井住友銀行、三井物産、川崎重工業、鹿島建設、高砂熱学工業、NHK、TBS、MBS、ABC、朝日新聞社、読売新聞社、日本経済新聞社、神戸新聞社、共同通信社、集英社、講談社、小学館、KADOKAWA、双葉社、新潮社、文藝春秋、柴田書店、淡交社など人気企業に約1000名の内定者を出している。
講演依頼、入塾のお申し込みは：info@banzemi.jp
ホームページ：http://www.banzemi.jp/

■ **イラスト**　　酒井由香里
■ **編集協力**　　knowm（和田士朗・大澤雄一）
■ **企画・編集**　成美堂出版編集部

本書に関する最新情報は、下記のURLをご覧ください。

https://www.seibidoshuppan.co.jp/support/

上記URLに記載されていない箇所で正誤についてお気づきの場合は、書名・発行日・質問事項・ページ数・氏名・郵便番号・住所・ファクシミリ番号を明記の上、**郵送**または**ファクシミリで成美堂出版**までお問い合わせください。
　※電話でのお問い合わせはお受けできません。
　※本書の正誤に関するご質問以外にはお答えできません。
　※ご質問の到着確認後、10日前後で回答を普通郵便またはファクシミリで発送いたします。

自己分析＆エントリーシートの正解例

2023年12月30日発行

著　者　阪東恭一

発行者　深見公子

発行所　成美堂出版
　　　　　〒162-8445　東京都新宿区新小川町1-7
　　　　　電話(03)5206-8151　FAX(03)5206-8159

印　刷　広研印刷株式会社

©SEIBIDO SHUPPAN 2023 PRINTED IN JAPAN
ISBN978-4-415-23745-9